초등 독해의 시작과 완성을 왓츠 리딩과 함께하세요!

왓츠 리딩, 수많은 후기가 증명합니다!

제가 **지금까지 본 리딩 교재 중에서 단연코 최고**라고 생각되어 지인에게 권유까지 했네요. 리딩은 챕터마다 지문의 연관성, 단어의 반복을 통해 아이가 새로운 어휘를 잘 익힐 수 있게 구성해 놓았습니다.
s*******4

내용 구성이 흥미로워서 아이가 즐겁게 학습하고 있어요. 리딩 학습서로뿐만 아니라, **상식을 얻기에도 너무 좋은 교재**.
m********n

한 지문에 대해 **다양한 문제와 복습 커리큘럼**으로 구성이 좋아요.
se*******

아이 스스로 읽고 문제 푸는 게 부담 없는 분량이고 지문 내용이 다양해서 참 재미있어합니다~~ 책 레벨이 세분화 되어있어서 아이 수준에 맞게 고를 수 있어요! 80A부터 시작했는데 일주일에 2~3번씩 한 게 벌써 네 권째 왓츠 리딩이네요~!
h*****e

전공자인 제가 봐도 **구성과 내용이 매우 좋습니다.** 나와 있는 **지문도 재미있고** 내용이 알찹니다. 아이도 매우 재미있어합니다. 단어장도 있고, 워크북에 문법 학습도 잘되어있습니다. 답지도 **혼자 공부하거나, 가정에서 엄마표로 지도하기에도 정말 잘되어있습니다.**
V******9

단어 읽기 가능한 초등학생이 재미있게 읽을 수 있는 교재네요. **주제가 다양하고 주제에 접근하는 방식도 다양해서 아이들이 읽기에서 시각을 넓힐 수 있어서 좋아요.** 단어랑 본문 듣기도 가능해서 어휘 듣기 발음도 같이 잡을 수 있고 귀여운데 깔끔한 구성이 아주 좋아요.
a******l

이 책 시리즈의 마지막이라는 게 아쉬워요. **너무 좋아서 처음부터 끝까지 다 샀어요.**
ch******

*예스24와 교보문고 인터넷 서점의 실제 "구매평"을 바탕으로 구성하였습니다.

① **촘촘한 단계별 구성** — 학년과 수준에 맞춰 선택할 수 있는 세분화된 레벨

② **단어 및 문법 학습** — 단어장과 워크북으로 단어 및 문법 학습까지 자연스럽게 가능

③ **자기주도 학습** — 혼자서도 공부하기 쉬운 구성과 분량으로 자기주도 학습 가능

④ **재미있고 다양한 지문** — 다양한 주제와 흥미로운 지문 내용으로 재미+배경지식까지

⑤ **효율적인 복습 및 연계 학습** — 각 지문의 복습과 관련된 다양한 문제들로 학습 효과 최대화

저자

김기훈 現 ㈜ 쎄듀 대표이사
    現 메가스터디 영어영역 대표강사
    前 서울특별시 교육청 외국어 교육정책자문위원회 위원
저서 천일문 〈입문편 · 기본편 · 핵심편 · 완성편〉 / 초등코치 천일문
    천일문 GRAMMAR / 천일문 Writing / 왓츠 Grammar
    Oh! My Grammar / Oh! My Speaking / Oh! My Phonics
    E.G.U 시리즈 / 어휘끝 / 어법끝 / 쓰작
    리딩 릴레이 / Grammar Q / Reading Q / Listening Q 등

쎄듀 영어교육연구센터
쎄듀 영어교육센터는 경어 콘텐츠에 대한 전문지식과 경험을 바탕으로
최고의 교육 콘텐츠를 만들고자 최선의 노력을 다하는 전문가 집단입니다.
장혜승 선임연구원 · **김지원** 전임연구원 · **오주연** 연구원

마케팅 콘텐츠 마케팅 사업본부
영업   문병그
제작   정승흐
인디자인 편집 류화진
디자인 스튜디오 에딩크
일러스트 랑만 신단고
영문교열 James Clayton Sharp

펴낸이 김기훈 김진희
펴낸곳 ㈜쎄듀/서울시 강남구 논현로 305 (역삼동)
발행일 2025년 1월 2일 초판 1쇄
내용 문의 www.cedubook.com
구입 문의 콘텐츠 마케팅 사업본부
    Tel. 02-6241-2007
    Fax. 02-2058-0209
등록번호 제22-2472호
ISBN   978-39-6806-449-4
    978-39-6806-446-3 (세트)

CEDU(쎄듀)는 A **C**omprehensive **E**nglish e**DU**cation(종합적 영어교육)의 약자입니다.

Words 60

초등 독해, 왜 <왓츠 리딩> 시리즈일까요?

대부분 유아나 초등 시기에는 영어에 흥미를 가지게 하려면 재미있는 동화나 짧은 이야기, 즉 '픽션' 위주의 읽기로 접근합니다.

그러나 학년이 높아짐에 따라 각종 시험에 출제되는 거의 대부분의 것은 **유익한 정보나 지식, 교훈 등을 주거나, 핵심 주제를 파악하여 글쓴이의 관점을 이해하는 것이 필요한 '논픽션'** 류입니다.

<왓츠 리딩> 시리즈는 학습자들이 영어 읽기에 대한 흥미를 유지하면서 논픽션 읽기에 자신감을 얻을 수 있도록, 픽션과 논픽션의 비율을 50:50으로 구성하였습니다. 교과 연계된 주제를 기반으로 지문을 구성하여, 다양한 분야의 배경지식과 주요 단어를 지문 안에서 자연스럽게 익힐 수 있습니다.

1 교육부 권장 필수 단어 수록

독해의 기초가 되는 어휘력은 필수입니다. **<왓츠 리딩> 시리즈**는 교육부 권장 초등 필수 단어를 주제별 핵심 단어로 선정하여, 단계별 활동을 통해 자연스럽게 복습 및 확장 학습 가능하도록 설계하였습니다.

2 문장 이해력을 높이는 수준별 학습

지문 하나를 읽더라도 정확하게 문장을 해석하면서 문장과 문장 간의 연결을 이해하는 것이 중요합니다. **<왓츠 리딩> 시리즈**는 단어 수와 세분화된 문장 난이도의 지문들로 구성된 수준별 독해 학습서입니다. 처음 독해를 시작하는 학습자들이 부담스럽지 않게 반복되는 패턴 문장으로 문법 규칙을 익히면서 자연스럽게 독해의 정확성을 높일 수 있습니다.

3 교과 연계 주제의 다양한 글감과 단계별 문항

익숙한 일상소재뿐만 아니라 학습자들의 유익하고 풍부한 읽기 경험을 위해 다양한 글감을 바탕으로 지문을 구성했습니다. 또한 체계적인 독해 학습을 위해 단계별 문항을 제시하여, 글의 중심 생각, 세부 내용 등을 파악하고 분석하면서 글을 이해할 수 있습니다.

왓츠 리딩으로 이렇게 공부해요!

STEP 1 주제별 핵심 단어 학습하기

- 글을 읽기 전에 단어를 미리 학습하면 글의 내용을 쉽게 파악할 수 있고 읽기에 더 집중할 수 있어요. QR코드로 원어민의 발음을 반복해서 듣고, 따라 읽어보세요.
- <왓츠 리딩> 전 시리즈를 학습하고 나면 주제별 핵심 단어 약 1,240개를 포함하여 총 2,400여개의 단어를 완벽하게 익힐 수 있습니다.

STEP 2 다양한 종류의 글감 접하기

- 교과서나 시험에서 여러 종류의 글이 등장하기 때문에 다양한 주제의 픽션부터 정보를 전달하는 논픽션까지 고루 접하는 것이 중요합니다. 설명문뿐만 아니라 편지글, 일기, 레시피, 창작 이야기 등 다양한 유형의 글감을 통해 읽기에 대한 흥미를 유지하면서 유익한 정보로 지식을 쌓아보세요.

STEP 3 다양한 문제로 지문 내용 및 구조 확인하기

- 독해는 글의 목적, 중심 생각, 세부 내용 등을 파악하는 과정입니다. 하나를 읽더라도 정확하게 문장을 해석하면서 문장과 문장 간의 연결을 이해하는 것이 중요합니다. 이러한 독해 습관은 모든 학습의 기초인 문해력도 동시에 향상시킬 수 있습니다.
- 글의 내용을 파악하는 문제 외에도 글의 구조를 분석하고 요약 정리 활동을 통해 '내' 지식으로 만들어 보세요.

STEP 4 패턴 문장 응용과 직독직해 훈련하기

- 학년이 올라갈수록, 아는 단어를 활용하여 '감'으로 내용 파악하기보다 정확하게 글을 읽을 수 있어야 합니다. 반복되는 패턴 문장으로 문장 구조를 익히고, 다른 단어로 응용과 반복하면서 독해 기본기를 쌓아 보세요.
- 패턴 문장으로 문장 해석이 익숙해졌다면, 영어를 끊어서 읽는 직독직해 훈련을 시작하세요. 주어, 동사를 찾아보고 끊어 읽으면서 영어의 어순에 익숙해질 수 있으며, 읽는 속도와 독해의 정확성을 높일 수 있습니다.

STEP 5 꾸준하게 복습하기

- 새로운 문장과 문맥에서 배운 내용을 다시 복습하는 것이 중요합니다. 제공되는 워크북, 단어 쓰기 노트, 그리고 다양한 부가 학습 자료를 활용하여, 그동안 배운 내용을 다시 떠올리며 복습해 보세요.

구성과 특징

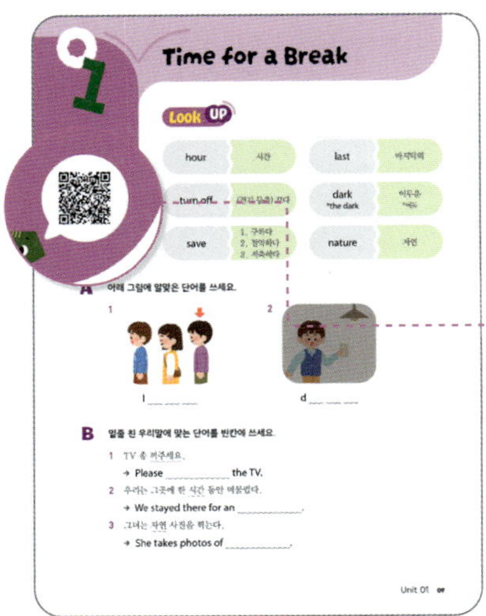

지문 속 핵심 단어 확인하기

▶ QR코드를 통해 단어의 원어민 발음을 들으면서 지문에 등장하는 핵심 단어를 확인합니다.

▶ 지문을 읽기 전, 삽화와 추가 예문을 통해 각 단어의 의미를 이해하면 읽기에 더 집중할 수 있어요.

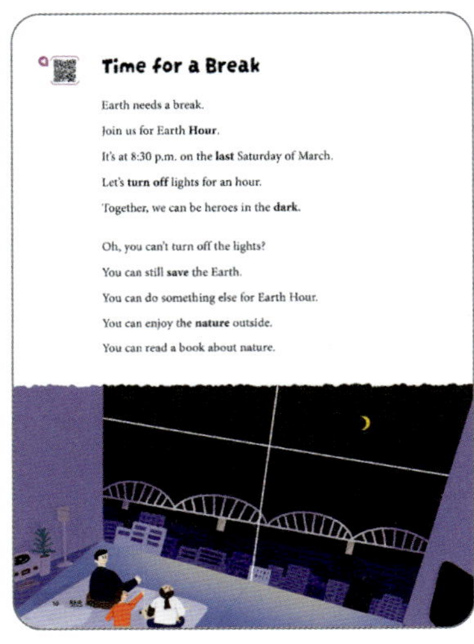

유익하고 흥미로운 지문

▶ 다양한 종류의 글감으로 구성된 픽션과 논픽션 지문을 수록했습니다. 음원을 듣고 따라 읽으면 영어 읽기에 대한 두려움은 줄고 자신감을 쌓을 수 있어요.

▶ 글을 읽다가 모르는 단어나 문법이 나오더라도 당황하지 않고 끝까지 읽어보세요. 완벽하게 해석하지 않아도 끝까지 읽는다면, 글의 문맥 속에서 모르는 단어나 문법을 자연스럽게 파악할 수 있습니다.

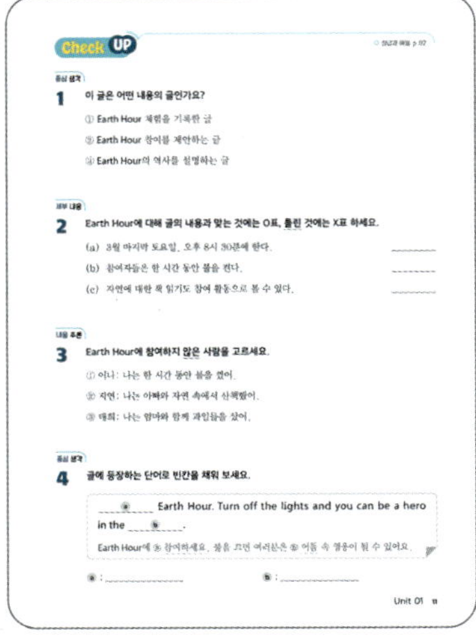

독해력을 Up해주는 단계별 문항

STEP ❶ Check UP

▶ 중심 생각과 세부 내용을 확인하는 다양한 유형의 문제를 풀면서 글의 내용을 올바르게 이해했는지 확인합니다.

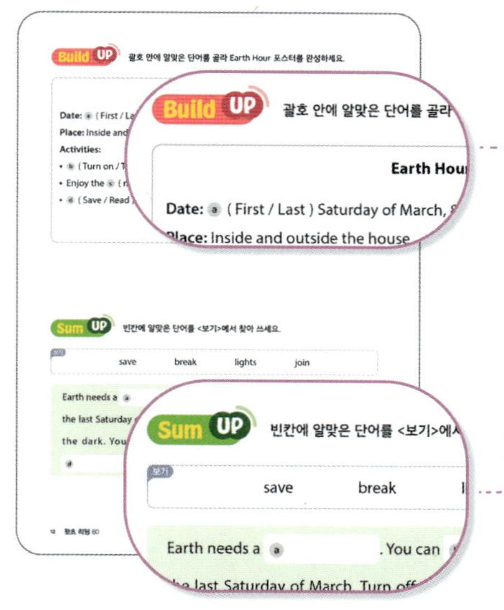

STEP ❷ Build UP

▶ 지문 내용을 분석하면서 글의 구조를 정리해 보세요. 다양한 각도로 글을 이해하고 리딩 스킬을 쌓을 수 있습니다.

STEP ❸ Sum UP

▶ 빈칸 채우기, 시간 순 정리 활동 등으로 글의 요약문을 완성합니다. 내용을 다시 복습하면서 학습을 마무리할 수 있어요.

지문 속 단어 정리 및 복습

▶ 단어의 의미를 복습하면서, 동사의 변화형도 자연스럽게 학습 가능합니다.

독해 학습을 완성하는
책속책과 별책 부록

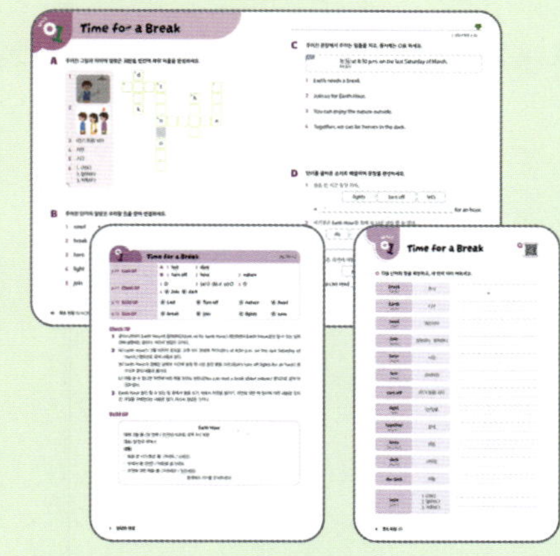

▶ **WORKBOOK**
퍼즐 및 다양한 문제 유형으로 지문 내용을 전체적으로 복습할 수 있습니다.

▶ **자세한 해설 및 해석 제공**
정답의 이유를 알려주는 문제 해설과 지문 살펴보기(끊어 읽기) 코너를 통해 영어의 어순을 확인해 보세요.

▶ **단어 쓰기 노트**
모든 단어와 표현을 확인하고 연습장에 써 보면서 복습할 수 있어요.

무료 부가 서비스 www.cedubook.com	1 단어 리스트	2 단어 테스트	3 직독직해 연습지
	4 영작 연습지	5 받아쓰기 연습지	6 MP3 파일 (단어, 지문)

Contents 목차

<왓츠 리딩> 시리즈는 Lexile(렉사일) 및 단어 수로 난이도를 나누어 구성되었습니다.

	왓츠 리딩 30l40	왓츠 리딩 50	왓츠 리딩 60
단어 수	30 - 50	50 - 60	60 - 70
*Lexile 지수	**BR - 200L	100 - 300L	200 - 400L
추천 학습 대상	영어 학습 1년 차 초등 3, 4학년 문법 병행	영어 학습 1년 차 이상 초등 5, 6학년 문법	영어 학습 2년 차 초등 5, 6학년 문법

＊ Lexile(렉사일) 지수는 미국 교육 연구 기관 MetaMetrics에서 개발한 독서능력 평가지수로, 미국에서 가장 공신력 있는 지수로 활용되고 있습니다.

＊＊ BR는 "초보 독자(Beginning Reader)"라는 의미로 Lexile(렉사일) 지수 0L 이하 단계입니다.

Study Plan
학습계획표

주 5일 학습 기준이며, 학습 패턴 및 시간에 따라 조정할 수 있어요.

	1일차	2일차	3일차	4일차	5일차
1주차	**Unit 01** 지문 읽기, 본책 문제 풀이	**Unit 01** 지문 읽기, 워크북	**Unit 02** 지문 읽기, 본책 문제 풀이	**Unit 02** 지문 읽기, 워크북	**Wrap Up** Unit 01 - 02 단어 U01 - 02
2주차	**Unit 03** 지문 읽기, 본책 문제 풀이	**Unit 03** 지문 읽기, 워크북	**Unit 04** 지문 읽기, 본책 문제 풀이	**Unit 04** 지문 읽기, 워크북	**Wrap Up** Unit 03 - 04 단어 U03 - 04
3주차	**Unit 05** 지문 읽기, 본책 문제 풀이	**Unit 05** 지문 읽기, 워크북	**Unit 06** 지문 읽기, 본책 문제 풀이	**Unit 06** 지문 읽기, 워크북	**Wrap Up** Unit 05 - 06 단어 U05 - 06
4주차	**Unit 07** 지문 읽기, 본책 문제 풀이	**Unit 07** 지문 읽기, 워크북	**Unit 08** 지문 읽기, 본책 문제 풀이	**Unit 08** 지문 읽기, 워크북	**Wrap Up** Unit 07 - 08 단어 U07 - 08
5주차	**Unit 09** 지문 읽기, 본책 문제 풀이	**Unit 09** 지문 읽기, 워크북	**Unit 10** 지문 읽기, 본책 문제 풀이	**Unit 10** 지문 읽기, 워크북	**Wrap Up** Unit 09 - 10 단어 U09 - 10
6주차	**Unit 11** 지문 읽기, 본책 문제 풀이	**Unit 11** 지문 읽기, 워크북	**Unit 12** 지문 읽기, 본책 문제 풀이	**Unit 12** 지문 읽기, 워크북	**Wrap Up** Unit 11 - 12 단어 U11 - 12
7주차	**Unit 13** 지문 읽기, 본책 문제 풀이	**Unit 13** 지문 읽기, 워크북	**Unit 14** 지문 읽기, 본책 문제 풀이	**Unit 14** 지문 읽기, 워크북	**Wrap Up** Unit 13 - 14 단어 U13 - 14
8주차	**Unit 15** 지문 읽기, 본책 문제 풀이	**Unit 15** 지문 읽기, 워크북	**Unit 16** 지문 읽기, 본책 문제 풀이	**Unit 16** 지문 읽기, 워크북	**Wrap Up** Unit 15 - 16 단어 U15 - 16

Time for a Break

Look UP

hour	시간	last	마지막의
turn off	(전기 등을) 끄다	dark *the dark	어두운 *어둠
save	1. 구하다 2. 절약하다 3. 저축하다	nature	자연

A 아래 그림에 알맞은 단어를 쓰세요.

1

l ___ ___ ___

2

d ___ ___ ___

B 밑줄 친 우리말에 맞는 단어를 빈칸에 쓰세요.

1 TV 좀 <u>꺼주세요</u>.

→ Please ____________ the TV.

2 우리는 그곳에 한 <u>시간</u> 동안 머물렀다.

→ We stayed there for an ____________.

3 그녀는 <u>자연</u> 사진을 찍는다.

→ She takes photos of ____________.

Time for a Break

Earth needs a break.

Join us for Earth **Hour**.

It's at 8:30 p.m. on the **last** Saturday of March.

Let's **turn off** lights for an hour.

Together, we can be heroes in the **dark**.

Oh, you can't turn off the lights?

You can still **save** the Earth.

You can do something else for Earth Hour.

You can enjoy the **nature** outside.

You can read a book about nature.

중심 생각

1 이 글은 어떤 내용의 글인가요?

① Earth Hour 체험을 기록한 글

② Earth Hour 참여를 제안하는 글

③ Earth Hour의 역사를 설명하는 글

세부 내용

2 Earth Hour에 대해 글의 내용과 맞는 것에는 O표, <u>틀린</u> 것에는 X표 하세요.

(a) 3월 마지막 토요일, 오후 8시 30분에 한다. ___________

(b) 참여자들은 한 시간 동안 불을 켠다. ___________

(c) 자연에 대한 책 읽기도 참여 활동으로 볼 수 있다. ___________

내용 추론

3 Earth Hour에 참여하지 <u>않은</u> 사람을 고르세요.

① 이나: 나는 한 시간 동안 불을 껐어.

② 지연: 나는 아빠와 자연 속에서 산책했어.

③ 태희: 나는 엄마와 함께 과일들을 샀어.

중심 생각

4 글에 등장하는 단어로 빈칸을 채워 보세요.

> ___________ ⓐ Earth Hour. Turn off the lights and you can be a hero
> in the ___________ ⓑ .
>
> Earth Hour에 ⓐ 참여하세요. 불을 끄면 여러분은 ⓑ 어둠 속 영웅이 될 수 있어요.

ⓐ : ___________________   ⓑ : ___________________

 괄호 안에 알맞은 단어를 골라 Earth Hour 포스터를 완성하세요.

Earth Hour

Date: (a) (First / Last) Saturday of March, 8:30 p.m.

Place: Inside and outside the house

Activities:

- (b) (Turn on / Turn off) lights for an hour.
- Enjoy the (c) (nature / dark) outside.
- (d) (Save / Read) a book about nature.

Join and help the Earth!

 빈칸에 알맞은 단어를 <보기>에서 찾아 쓰세요.

보기

save	break	lights	join

Earth needs a (a) __________ . You can (b) __________ Earth Hour. It's on the last Saturday of March. Turn off the (c) __________ and be a hero in the dark. You can do something else for Earth Hour, too. Let's (d) __________ the Earth.

02 Save the Date for Trees

wood	나무, 장작	farm	농장
cover	덮다, 뒤덮다	plant	1. 심다 2. 식물
public *public land	공공의, 공중의 *공공장소, 공유지	plan	계획하다, 계획을 세우다

A 아래 그림에 알맞은 단어를 쓰세요.

1

p ___ ___ ___ ___

2

___ ___ ___ d

B 밑줄 친 우리말에 맞는 단어를 빈칸에 쓰세요.

1 가을에는 나뭇잎이 땅을 <u>덮는다</u>.

→ Leaves ____________ the ground in fall.

2 그녀는 <u>공공[공립]</u>도서관에서 일한다.

→ She works at the ____________ library.

3 나는 내년에 여행할 <u>계획이다</u>.

→ I ____________ to travel next year.

Save the Date for Trees

People in Kenya cut down trees for the **wood**.

They also use the land for **farms**.

Trees now only **cover** about 10 percent of Kenya.

So the country made Tree Planting Day.

On this day, Kenya gives free trees to people.

Then they **plant** the trees on **public land**.

Some people buy and plant trees on their own land, too.

Kenya **plans** to plant *15 billion trees by 2032.

*15 billion 150억

중심 생각

1 이 글은 무엇에 대해 설명하는 내용인가요?

> 케냐의 _______________

① 나무 농장　　　② 나무 심는 날　　　③ 다양한 나무 종류

세부 내용

2 케냐에 대해 글의 내용과 맞는 것에는 O표, 틀린 것에는 X표 하세요.

(a) 사람들은 농장을 만들기 위해 나무를 심는다.　_______

(b) 나무가 케냐를 덮는 비율은 약 10%이다.　_______

(c) 나무 심는 날에는 무료로 나무를 나눠준다.　_______

세부 내용

3 케냐의 새로운 기념일에 대해 알 수 <u>없는</u> 것을 고르세요.

① 날짜　　　② 하는 일　　　③ 목표

중심 생각

4 글에 등장하는 단어로 빈칸을 채워 보세요.

> People in Kenya cut down trees for the wood and _______ **a** .
> So Kenya _______ **b** Tree Planting Day.
>
> 케냐의 사람들은 장작과 ⓐ 농장을 얻기 위해 나무를 베어요. 그래서 케냐는 나무 심는 날을 ⓑ 만들었어요.

a : _______________　　　**b** : _______________

Build UP 주어진 질문에 알맞은 대답을 연결하세요.

질문

1 Why do people in Kenya cut down trees?

2 Why did Kenya make Tree Planting Day?

3 What do people do on Tree Planting Day?

대답

(A) Trees now only cover about 10 percent of Kenya.

(B) They plant trees on public land.

(C) They cut down trees for the wood and farms.

Sum UP 빈칸에 알맞은 단어를 <보기>에서 찾아 쓰세요.

보기

plans public cover plant

Trees now only a ___________ about 10 percent of Kenya. So, the country made Tree Planting Day. On this day, people b ___________ trees on c ___________ land and on their land. By 2032, Kenya d ___________ to plant 15 billion trees.

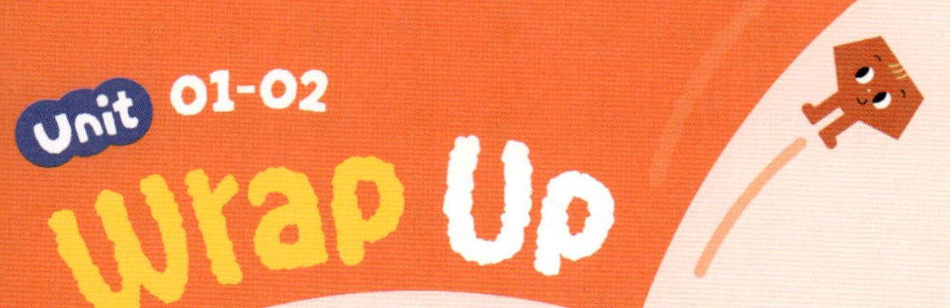

정답과 해설 p.06

A 그림에 알맞은 단어를 <보기>에서 골라 쓴 후, 우리말 의미를 쓰세요.

보기			
farm	plant	wood	dark

1

2

3

단어:

의미:

B 알맞은 단어를 골라 문장을 완성하세요.

1 그들은 또한 그 땅을 농장을 위해 사용한다.

→ They also use the land for (trees / farms).

2 너는 자연에 대한 책을 읽을 수 있다.

→ You can read a book about (nature / Earth).

3 그것은 3월 마지막 토요일 오후 8시 30분에 한다.

→ It's at 8:30 p.m. on the (first / last) Saturday of March.

4 그러면 그들은 공공장소에 나무를 심는다.

→ Then they plant the trees on (outside / public) land.

C 다음 문장의 빈칸에 들어갈 단어를 <보기>에서 골라 쓰세요.

보기

| hour | public | land | save |

1 우리는 바다거북을 구해야만 한다.

→ We must ____________ the sea turtles.

2 그는 땅에 토마토를 기른다.

→ He grows tomatoes on the ____________ .

3 공공[공립] 박물관에 가자.

→ Let's go to the ____________ museum.

4 걸어서 역까지는 한 시간이 걸릴 것이다.

→ It will take an ____________ to the station on foot.

D 주어진 우리말에 맞도록 알맞은 형태를 고르세요.

1 그래서 그 나라는 나무 심는 날을 만들었다.

→ So the country (make / makes / made) Tree Planting Day.

2 이날, 케냐는 사람들에게 무료 나무들을 준다.

→ On this day, Kenya (give / gives / gave) free trees to people.

3 지구는 휴식이 필요하다.

→ Earth (need / needs / needed) a break.

4 한 시간 동안 불을 끄자.

→ Let's (turn off / turns off / turned off) lights for an hour.

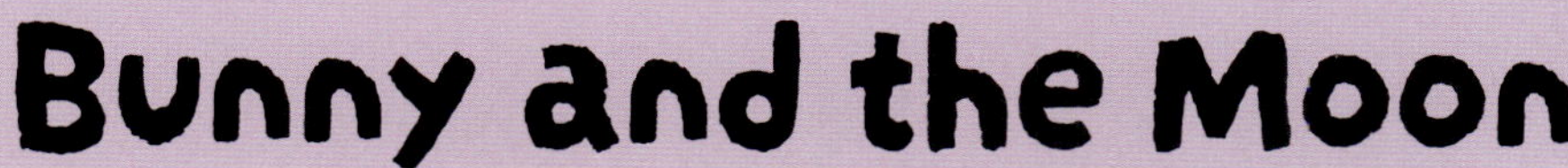 Bunny and the Moon

look at	~을 보다	thin *thinner	얇은, 가는 더 얇은, 더 가는
worried	걱정하는	climb up	오르다
mountain	산	leave	1. 두고 가다 2. 떠나다

A 아래 그림에 알맞은 단어를 쓰세요.

1 

c ___ ___ ___ ___ up

2 

l ___ ___ ___ ___ ___ ___

B 밑줄 친 우리말에 맞는 단어를 빈칸에 쓰세요.

1 가장 높은 산은 어디입니까?

→ Where is the highest ______________?

2 그는 시험에 대해 걱정한다.

→ He's ______________ about the test.

3 그 국수면은 길고 가늘다.

→ The noodles are long and ______________.

Bunny and the Moon

Bunny **looks at** the Moon.

The Moon is smaller than yesterday.

Soon, it becomes **thinner**, too.

Bunny becomes **worried**.

The next day, she **climbs up** the **mountain**.

She **leaves** food there.

She does it every day.

One day, the Moon becomes big again.

Bunny climbs up the mountain.

But the food is still there.

ⓐ Then she understands.

The Moon changes every day.

It doesn't need any food!

1　이 글의 알맞은 제목을 고르세요.

① 달과 Bunny의 우정

② Bunny의 큰 깨달음

③ 달을 위한 Bunny의 선물

2　Bunny가 한 일이 <u>아닌</u> 것을 고르세요.

① 달에 대해 걱정하기

② 매일 산에 오르기

③ 산에서 음식 먹기

3　밑줄 친 ⓐ <u>Then she understands.</u>가 가리키는 것을 고르세요.

① 달은 Bunny의 도움으로 커질 수 있다.

② 달은 음식이 필요한 게 아니다.

③ 달은 Bunny의 음식을 좋아하지 않는다.

4　글에 등장하는 단어로 빈칸을 채워 보세요.

> Bunny ＿＿＿＿ⓐ＿＿＿＿ the mountain and ＿＿＿ⓑ＿＿＿ food there every day.
>
> Bunny는 매일 산에 ⓐ 올라 그곳에 음식을 ⓑ 두고 가요.

ⓐ : ＿＿＿＿＿＿＿＿＿　　　　ⓑ : ＿＿＿＿＿＿＿＿＿

 아래 상자를 알맞게 연결하여 문장을 완성하세요.

① Bunny becomes worried

② Bunny climbs up the mountain

③ The Moon becomes big again,

(A) and leaves food there.

(B) but the food is still there.

(C) because the Moon is thinner.

 빈칸에 알맞은 단어를 <보기>에서 찾아 쓰세요.

보기

leaves　　understands　　looks　　becomes

Bunny _a_____ at the Moon. The Moon is smaller. The next day, she _b_____ food for the Moon. One day, the Moon _c_____ big again. But her food is still there. Then Bunny _d_____ . The Moon changes every day and doesn't need any food.

Moon Walkers

walk - walked *walker	걷다 *걷는 사람	minute	((시간)) 분
arrive - arrived	도착하다	say - said	말하다
take a picture - took a picture	사진을 찍다	footprint	발자국

A 아래 그림에 알맞은 단어를 쓰세요.

1

w ___ ___ ___

2

___ ___ ___ ___ p r i n t

B 밑줄 친 우리말에 맞는 단어를 빈칸에 쓰세요.

1 기차는 곧 도착할 것이다.

→ The train will ______________ soon.

2 영화는 5분 뒤에 시작한다.

→ The movie starts in five ____________s.

3 나는 아무것도 말하지 않았다.

→ I didn't ____________ anything.

Moon Walkers

Many people know Neil Armstrong.

He was the first moon **walker**.

But some people don't know Buzz Aldrin.

He was the second moon walker.

He **walked** on the Moon 19 **minutes** after Armstrong.

When he **arrived**, he **said**, "Beautiful, beautiful."

He stayed there for 21 hours.

He **took pictures** and left **footprints**.

Together, Neil Armstrong and Buzz Aldrin made history.

중심 생각

1 글에 등장하는 단어로 글의 제목을 완성하세요.

> The S__________ Man on the Moon

세부 내용

2 Buzz Aldrin에 대해 글의 내용과 맞는 것에는 O표, 틀린 것에는 X표 하세요.

(a) Neil Armstrong이 달에서 걸은 지 19시간 후에 걸었다. __________

(b) 달에서 21분 동안 머물렀다. __________

세부 내용

3 Buzz Aldrin이 달에서 한 일이 <u>아닌</u> 것을 고르세요.

① 걷기 ② 사진 찍기 ③ 발자국 따라가기

중심 생각

4 글에 등장하는 단어로 빈칸을 채워 보세요.

> Buzz Aldrin __________ⓐ__________ on the Moon with Neil Armstrong. When
> he __________ⓑ__________, he said, "Beautiful, beautiful."
> Buzz Aldrin은 Neil Armstrong과 함께 달에서 ⓐ <u>걸었어요</u>. 그가 ⓑ <u>도착했을</u> 때,
> 그는 "아름답다, 아름다워."라고 말했어요.

ⓐ : __________________ ⓑ : __________________

빈칸에 알맞은 단어를 <보기>에서 찾아 인터뷰를 완성하세요.

보기

| together | second | footprints | walker |

Interviewer: Hello, Mr. Aldrin. Please introduce yourself.

Aldrin: Hello. My name is Buzz Aldrin. I'm the **a** __________ moon walker.

Interviewer: Then who is the first moon **b** __________?

Aldrin: It's Neil Armstrong. I walked 19 minutes after him.

Interviewer: I see. What did you do on the Moon **c** __________?

Aldrin: We took pictures and left **d** __________.

Sum UP

빈칸에 알맞은 단어를 <보기>에서 찾아 쓰세요.

보기

| arrived | history | walked | know |

Some people don't **a** __________ about Buzz Aldrin. He **b** __________ on the Moon with Neil Armstrong. When he **c** __________, he said, "Beautiful, beautiful." Together, Neil Armstrong and Buzz Aldrin made **d** __________.

 Wrap Up

정답과 해설 p.11

A 그림에 알맞은 단어를 <보기>에서 골라 쓴 후, 우리말 의미를 쓰세요.

보기			
footprint	walk	climb up	thin

1

2

3

단어:

의미:

B 알맞은 단어를 골라 문장을 완성하세요.

1 Bunny는 걱정한다.

→ Bunny becomes (thin / worried).

2 그는 그곳에서 21시간 동안 머물렀다.

→ He stayed there for 21 (minutes / hours).

3 그가 도착했을 때, 그는 "아름답다, 아름다워."라고 말했다.

→ When he (arrived / walked), he said, "Beautiful, beautiful."

4 그녀는 그곳에 음식을 두고 간다.

→ She (leaves / changes) food there.

C 다음 문장의 빈칸에 들어갈 단어를 <보기>에서 골라 쓰세요.

> 보기
>
> footprint   thin   look at   take

1 밤에 별을 보세요.

→ ___________ the stars at night.

2 내 남동생은 키가 크고 말랐다.

→ My brother is tall and ___________.

3 그 개는 진흙에 발자국을 남겼다.

→ The dog left a ___________ in the mud.

4 저희 사진을 찍어주시겠어요?

→ Can you ___________ a picture of us?

D 주어진 우리말에 맞도록 알맞은 형태를 고르세요.

1 그것은 어떠한 음식도 필요하지 않다!

→ It (don't / doesn't / didn't) need any food!

2 많은 사람들은 Neil Armstrong을 안다.

→ Many people (know / knows / knew) Neil Armstrong.

3 Bunny는 산을 오른다.

→ Bunny (climb / climbs / climbed) up the mountain.

4 그는 Armstrong 다음 19분 뒤에 달 위를 걸었다.

→ He (walk / walks / walked) on the Moon 19 minutes after Armstrong.

My Selfies

bite	물다, 깨물다	wink	윙크하다
silly	바보 같은, 우스운	everyone	모든 사람, 모두
smile	웃다, 미소 짓다	the best	가장 좋은, 최고의

A 아래 그림에 알맞은 단어를 쓰세요.

1

s ___ ___ ___ ___

2

w ___ ___ ___

B 밑줄 친 우리말에 맞는 단어를 빈칸에 쓰세요.

1 그는 <u>최고의</u> 축구 선수이다.

→ He is _______________ soccer player.

2 손톱을 <u>깨물지</u> 마라.

→ Don't _______________ your nails.

3 그는 <u>바보 같은</u> 얼굴[표정]을 짓는다.

→ He makes a _______________ face.

My Selfies

I take a *selfie when I wake up.

My hair looks bad.

I take a selfie when I **bite** toast.

I have jam on my face.

I take a selfie when I **wink**.

I look **silly**.

How can I look good in selfies?

Oh, I have an idea!

I take a selfie when I'm with my friends.

Everyone smiles and looks happy.

ⓐ <u>This</u> is **the best** selfie.

*selfie 셀피, 셀카 ((자기 자신을 직접 찍은 사진))

중심 생각

1 이 글의 알맞은 제목을 고르세요.

① 셀피를 찍기 좋은 시간

② 셀피를 위한 다양한 표정

③ 셀피에 잘 나오는 방법

세부 내용

2 글의 내용과 맞는 것에는 O표, **틀린** 것에는 X표 하세요.

(a) 잠에서 일어나 찍은 셀피 속 '나'의 머리는 괜찮았다. ___________

(b) 토스트를 물고 있을 때 '나'는 셀피를 찍지 않았다. ___________

지칭 추론

3 밑줄 친 ⓐ This가 가리키는 셀피를 고르세요.

① 

② 

③ 

중심 생각

4 글에 등장하는 단어로 빈칸을 채워 보세요.

___________ ⓐ smiles and looks happy in the ___________ ⓑ selfie.

ⓐ 모두가 ⓑ 최고의[가장 잘 나온] 셀피에서 웃으며 행복해 보여요.

ⓐ : ___________________   ⓑ : ___________________

 주어진 글을 알맞게 연결하여 문장을 완성하세요.

1 When I wake up,   •   • (A) I look silly.

2 When I bite toast,   •   • (B) I smile and look happy.

3 When I wink,   •   • (C) I have jam on my face.

4 When I'm with my friends,   •   • (D) my hair looks bad.

 빈칸에 알맞은 단어를 <보기>에서 찾아 쓰세요.

보기

best   wink   silly   smiles

I take selfies when I wake up, eat, and **a** __________ . But I look **b** __________ . I want to look good in selfies. So, when I'm with my friends, I take a selfie. Everyone **c** __________ and looks happy. This is the **d** __________ selfie!

Pictures of Nature

decide - decided	결심하다, 결정하다	use - used	1. 사용하다, 이용하다 2. 사용, 이용
hide - hid	숨다	fake	가짜의, 거짓의
close	가까운	different	다른, 다양한

A 아래 그림에 알맞은 단어를 쓰세요.

1

c ___ ___ ___ ___

2

d ___ ___ ___ ___ ___ ___ ___ ___

B 밑줄 친 우리말에 맞는 단어를 빈칸에 쓰세요.

1 이 다이아몬드는 가짜이다.

→ This diamond is ______________.

2 내 고양이는 침대 아래에 숨는 걸 좋아한다.

→ My cat likes to ______________ under the bed.

3 네 컴퓨터 좀 사용해도 될까?

→ Can I ______________ your computer?

Pictures of Nature

Cherry took a perfect picture of a nest.

His brother, Richard, really liked it.

So the brothers **decided** to take pictures of nature.

First, they **used** hay and grass and **hid**.

Later, they made a **fake** *ox.

Cherry hid in it.

When birds got **close**, he took pictures.

In 1895, Richard and Cherry made a nature book,

British Birds' Nests.

It showed many pictures of **different** nests, eggs, and birds.

*ox 황소 ((특히 수소))

중심 생각

1 이 글은 무엇에 대해 설명하는 내용인가요?

① 자연 사진을 찍는 다양한 방법

② Cherry와 Richard의 소중한 카메라

③ 사진들이 담긴 자연 도서를 만든 형제

세부 내용

2 글의 내용과 맞는 것에는 O표, **틀린** 것에는 X표 하세요.

(a) Richard는 Cherry의 사진을 좋아하지 않았다. ___________

(b) Cherry는 가짜 황소 안에 숨어서 사진을 찍었다. ___________

세부 내용

3 글을 읽고 대답할 수 <u>없는</u> 질문을 고르세요.

① Cherry와 Richard는 사진을 찍기 위해 무엇을 사용했나요?

② Cherry와 Richard가 만든 책의 제목은 무엇인가요?

③ Cherry와 Richard가 만든 책에는 총 몇 장의 사진이 실렸나요?

중심 생각

4 글에 등장하는 단어로 빈칸을 채워 보세요.

> The brothers made a _____**a**_____ book with pictures, and the book
> showed many different nests, eggs, and _____**b**_____.
>
> 그 형제는 사진들로 ⓐ 자연 도서를 만들었고, 그 책은 많고 다양한 둥지, 알, 그리고
> ⓑ 새들을 보여줬어요.

a : ___________________   **b** : ___________________

 아래 상자를 알맞게 연결하여 문장을 완성하세요.

1 Cherry took a perfect picture of a nest,

2 The brothers made a fake ox,

3 When birds got close,

(A) Cherry took pictures.

(B) and Richard really liked it.

(C) and Cherry hid in it.

 빈칸에 알맞은 단어를 <보기>에서 찾아 쓰세요.

보기

different	fake	used	nature

Cherry took a perfect picture of a nest. Then, he started taking pictures of
a ___________ with his brother, Richard. They b ___________ hay
and grass and later made a c ___________ ox. Later, they made a
nature book, and it had many pictures of d ___________ nests, eggs,
and birds.

Wrap Up

정답과 해설 p.16

A 그림에 알맞은 단어를 <보기>에서 골라 쓴 후, 우리말 의미를 쓰세요.

보기

| close | hide | wink | smile |

1

2

3

단어:

의미:

B 알맞은 단어를 골라 문장을 완성하세요.

1 내 얼굴에 잼이 묻어있다.

→ I have jam on my (face / hair).

2 나는 토스트를 물고 있을 때 셀피를 찍는다.

→ I take a selfie when I (bite / look) toast.

3 그것은 다양한 둥지, 알, 그리고 새의 많은 사진들을 보여줬다.

→ It showed many pictures of (fake / different) nests, eggs, and birds.

4 그래서 형제는 자연 사진을 찍기로 결심했다.

→ So the brothers (liked / decided) to take pictures of nature.

Wrap Up

C 다음 문장의 빈칸에 들어갈 단어를 <보기>에서 골라 쓰세요.

보기

| silly | fake | everyone | close |

1 저 꽃들은 가짜가 아니다.

→ Those flowers are not ______________.

2 Mark는 우스꽝스러운 실수를 자주 한다.

→ Mark makes ______________ mistakes often.

3 도서관은 우리 집에서 가깝다.

→ The library is ______________ to my house.

4 모두가 바다 여행에 신이 나 있다.

→ ______________ is excited about the trip to the beach.

D 주어진 우리말에 맞도록 알맞은 형태를 고르세요.

1 나는 <u>윙크할</u> 때 셀피를 찍는다.

→ I take a selfie when I (wink / winks / winked).

2 Cherry는 완벽한 둥지 사진을 <u>찍었다</u>.

→ Cherry (take / takes / took) a perfect picture of a nest.

3 처음에 그들은 건초와 풀을 <u>사용했다</u>.

→ First, they (use / uses / used) hay and grass.

4 모두가 <u>웃으며</u> 행복해 보인다.

→ Everyone (smile / smiles / smiled) and looks happy.

Social Media

share	공유하다, 함께 나누다	message	메시지, 문자
smart	똑똑한, 현명한	other	다른 것, 다른 사람
without	~ 없이, ~하지 않고	kind	친절한

A 아래 그림에 알맞은 단어를 쓰세요.

1

s ___ ___ ___ ___

2

m ___ ___ ___ ___ e

B 밑줄 친 우리말에 맞는 단어를 빈칸에 쓰세요.

1 그는 잘 가라는 말도 <u>없이</u> 떠났다.

→ He left ___________ saying goodbye.

2 그녀는 모두에게 <u>친절하고</u> 예의 바르다.

→ She is ___________ and polite to everyone.

3 그는 <u>똑똑하고</u> 매우 빨리 배운다.

→ He is ___________ and learns very fast.

Social Media

*Social media is a place on the internet.

You can meet new friends.

You can **share** pictures and **messages** with them.

You can also learn new things.

But be a **smart** user.

Don't spend too much time on it.

Don't share pictures of **others without** asking.

Be **kind** to everyone.

Social media should be safe and fun for everyone!

*social media 소셜 미디어 ((생각, 경험 등을 공유할 수 있는 온라인 도구))

중심 생각

1 이 글은 무엇에 대해 설명하는 내용인가요?

> 소셜 미디어의 ________________

① 장점 ② 다양한 종류 ③ 올바른 사용법

세부 내용

2 소셜 미디어에 대해 글의 내용과 맞는 것에는 O표, 틀린 것에는 X표 하세요.

(a) 친구들과 사진이나 문자를 함께 나눌 수 없다. ________

(b) 친구를 사귀거나 새로운 것을 배울 수 있다. ________

세부 내용

3 글을 읽고 대답할 수 없는 질문을 고르세요.

① 소셜 미디어를 현명하게 즐기는 방법은 무엇인가요?

② 다른 사람들에게 묻지 않고 무엇을 공유하면 안 되나요?

③ 소셜 미디어에서 왜 오랜 시간을 보내면 안 되나요?

중심 생각

4 글에 등장하는 단어로 빈칸을 채워 보세요.

> Social media is a place on the internet. So be a _______ ⓐ user and
> don't _______ ⓑ too much time on it.
>
> 소셜 미디어는 인터넷의 한 공간이에요. 그러니 ⓐ 현명한 사용자가 되어 그곳에서
> 너무 많은 시간을 ⓑ 보내지 마세요.

ⓐ : ________________   ⓑ : ________________

 빈칸에 알맞은 단어를 <보기>에서 찾아 쓰세요.

보기: share　　learn　　meet　　messages

On social media,

- you can **a** _________ new friends.

- you can **b** _________ pictures and **c** _________ .

- you can **d** _________ new things.

 빈칸에 알맞은 단어를 <보기>에서 찾아 쓰세요.

보기: without　　kind　　new　　safe

On social media, you can make **a** _________ friends and learn new things. But don't share pictures of others **b** _________ asking. Also, be **c** _________ to everyone. Social media should be **d** _________ and fun for everyone.

I'm Sorry, Logan

real *real life	진짜의, 실제의 *실제, 실생활	post - posted	(정보, 사진 등을) 올리다, 게시하다
ask for - asked for	요청하다, 부탁하다	help - helped	1. 도움 2. 돕다, 도와주다
miss	그리워하다	lesson	교훈

A 아래 그림에 알맞은 단어를 쓰세요.

1

m ＿ ＿ ＿

2

h ＿ ＿ ＿

B 밑줄 친 우리말에 맞는 단어를 빈칸에 쓰세요.

1 이것은 실제 이야기다.

→ This is a ＿＿＿＿＿＿ story.

2 메뉴를 요청하자[달라고 하자].

→ Let's ＿＿＿＿＿＿ the menu.

3 그는 온라인에 한 영상을 올리고 싶어 한다.

→ He wants to ＿＿＿＿＿＿ a video online.

I'm Sorry, Logan

I have many friends on social media.

We share funny pictures.

In **real life**, my best friend is Logan.

One day, I **posted** his funny picture.

But Logan was very angry.

"The picture was only for us."

Then Logan stopped talking to me.

I wanted to say sorry.

I **asked for help** on social media about this.

But nobody **helped**.

I **miss** my best friend.

I learned ⓐ <u>my **lesson**</u>.

Check UP

중심 생각

1 이 글의 알맞은 제목을 고르세요.

① 소셜 미디어에서 받은 도움

② 소셜 미디어로 얻은 교훈

③ 소셜 미디어에서 친구를 사귀는 법

세부 내용

2 글의 내용과 맞는 것에는 O표, 틀린 것에는 X표 하세요.

(a) '나'는 소셜 미디어에 친구들이 많다. ________

(b) Logan은 '나'의 가장 친한 친구이다. ________

(c) 많은 친구들이 '나'에게 조언을 해주었다. ________

지칭 추론

3 밑줄 친 ⓐ my lesson이 가리키는 것으로 알맞은 것을 고르세요.

① 재미있는 사진은 친구와 공유하자.

② 온라인에서 친구들을 함부로 사귀지 말자.

③ 친구의 허락 없이 온라인에 사진을 공유하지 말자.

중심 생각

4 글에 등장하는 단어로 빈칸을 채워 보세요.

> I _____ⓐ_____ Logan's funny picture on social media, but Logan was very _____ⓑ_____.
>
> 내가 소셜 미디어에 Logan의 웃긴 사진을 ⓐ 올렸지만, Logan은 매우 ⓑ 화를 냈다.

ⓐ : __________________ ⓑ : __________________

 빈칸에 알맞은 단어를 <보기>에서 찾아 아래 대화를 완성하세요.

Sum UP 빈칸에 알맞은 단어를 <보기>에서 찾아 쓰세요.

I have many friends on social media. One day, I a ____________ a funny picture of my best friend. But he was b ____________. I was sorry and c ____________ help on social media. But nobody d ____________.

정답과 해설 p.21

A 그림에 알맞은 단어를 <보기>에서 골라 쓴 후, 우리말 의미를 쓰세요.

보기			
smart	share	message	help

1

2

3

단어:

의미:

B 알맞은 단어를 골라 문장을 완성하세요.

1 다른 사람의 사진을 묻지 않고 공유하지 마라.

→ Don't share pictures of (others / yours) without asking.

2 모두에게 친절해라.

→ Be (kind / new) to everyone.

3 그 사진은 오직 우리를 위한 것이었다.

→ The picture was (only / real) for us.

4 나는 나의 가장 친한 친구가 그립다.

→ I (miss / help) my best friend.

C 다음 문장의 빈칸에 들어갈 단어를 <보기>에서 골라 쓰세요.

보기

| ask for | real | messages | without |

1 나는 내 안경 없이 아무것도 볼 수 없다.

→ I can't see anything ____________ my glasses.

2 나는 이탈리아에서 진짜 이탈리안 피자를 먹고 싶다.

→ I want to eat ____________ Italian pizza in Italy.

3 그들은 숙제에 대한 도움을 요청한다.

→ They ____________ help with their homework.

4 나는 내 스마트폰으로 친구들에게 문자를 보낸다.

→ I send ____________ to my friends with my smartphone.

D 주어진 우리말에 맞도록 알맞은 형태를 고르세요.

1 하지만 Logan은 매우 화를 냈다.

→ But Logan (be / is / was) very angry.

2 너는 새로운 친구들을 만날 수 있다.

→ You can (meet / meets / met) new friends.

3 하지만 현명한 사용자가 되어라.

→ But (be / is / was) a smart user.

4 그리고 나서 Logan은 나에게 말하는 것을 그만했다.

→ Then Logan (stop / stops / stopped) talking to me.

A Fun Trip

visit - visited	방문하다	weather	날씨
ride - rode	(탈 것을) 타다	along	~을 따라
drive - drove	운전하다	view	경치, 전망

A 아래 그림에 알맞은 단어를 쓰세요.

1

r __ __ __

2

d __ __ __ __

B 밑줄 친 우리말에 맞는 단어를 빈칸에 쓰세요.

1 우리는 그곳을 다시 방문할 계획이다.

→ We are planning to ______________ there again.

2 오늘 날씨는 춥지만 매우 좋다.

→ Today's ______________ is cold but very nice.

3 그들은 해변을 따라 걸었다.

→ They walked ______________ the beach.

A Fun Trip

Hello from California!

Dad and I **visited** many places this week.

On Monday, we visited Lake Tahoe.

The **weather** was nice and cool.

We **rode** a bike **along** the lake.

On Thursday, we visited Death Valley.

It was so hot and dry. The place was very big.

Dad **drove** for hours. But the **view** was amazing.

Tomorrow, we will visit L.A.

I miss you, Mom.

See you soon,

Olivia

중심 생각

1 이 글의 유형으로 가장 알맞은 것을 고르세요.

① 일기   ② 보고서   ③ 편지

세부 내용

2 글의 내용과 맞는 것에는 O표, <u>틀린</u> 것에는 X표 하세요.

(a) '우리'는 Tahoe 호수를 따라 자전거를 탔다.   __________

(b) Death Valley는 덥고 습했다.   __________

(c) '나'는 부모님과 함께 여행을 떠났다.   __________

세부 내용

3 글의 'I'가 목요일에 한 일을 고르세요.

① L.A.로 이동하기

② Death Valley 방문하기

③ 몇 시간 동안 운전하기

중심 생각

4 글에 등장하는 단어로 빈칸을 채워 보세요.

> The __________ⓐ__________ is different in many __________ⓑ__________ in California.
>
> ⓐ 날씨는 California의 많은 ⓑ 장소(들)[곳]에 따라 달라요.

ⓐ : __________________   ⓑ : __________________

Build UP 아래 요일을 각각 그날에 있었던 일과 알맞게 연결하세요.

1 On Monday,

2 On Thursday,

(A) we visited Lake Tahoe.

(B) it was hot and dry in Death Valley.

(C) the weather was nice and cool.

(D) Dad drove for hours.

(E) we rode a bike.

Sum UP 빈칸에 알맞은 단어를 <보기>에서 찾아 쓰세요.

보기

| weather | amazing | rode | visited |

Olivia a ___________ many places in California. First, she visited Lake Tahoe and b ___________ a bike. The c ___________ was nice and cool. Then she visited Death Valley. It was hot, but the view was d ___________ .

Jim Cantore

Look UP

storm	폭풍우

heavy *heavy rain	심한, 많은 *폭우

report *reporter	보도하다 *기자, 리포터

live	생방송으로, 생중계로

explain	설명하다

welcome	환영하다, 맞이하다

A 아래 그림에 알맞은 단어를 쓰세요.

1

r __ __ __ __ __

2

s __ __ __ __

B 밑줄 친 우리말에 맞는 단어를 빈칸에 쓰세요.

1 <u>심한</u> 비는 경기를 중단시켰다.

→ ______________ rain stopped the game.

2 오늘 밤 게스트를 <u>환영해 주세요</u>.

→ Please ______________ tonight's guest.

3 규칙들을 다시 <u>설명해</u> 줄래요?

→ Can you ______________ the rules again?

Jim Cantore

Jim Cantore is a weather **reporter**.

When there is a **storm**, he is always there.

He stands in the **heavy rain**.

He fights with the strong winds.

He **reports** the weather **live**.

He is popular, too.

He **explains** weather events with easy words.

So, many people can understand.

But some people don't **welcome** Cantore in their town.

They say, "A storm is coming."

1 이 글의 알맞은 제목을 고르세요.

① 날씨 보도 기자가 겪는 어려움

② Cantore 기자의 하루 일과

③ Cantore의 특별한 날씨 보도

2 Cantore에 대해 글의 내용과 맞는 것에는 O표, 틀린 것에는 X표 하세요.

(a) 비바람을 맞으며 날씨를 보도한다. __________

(b) 시청자를 위해 날씨를 쉽게 설명한다. __________

3 일부 사람들이 Cantore를 환영하지 <u>않는</u> 이유를 고르세요.

① 방송 촬영 현장이 위험하기 때문에

② 폭풍우가 온다는 것을 의미하기 때문에

③ 보도 현장 주변에 많은 사람이 몰려들기 때문에

4 글에 등장하는 단어로 빈칸을 채워 보세요.

> Cantore __________ ⓐ __________ the weather live in the __________ ⓑ __________ rain.
>
> Cantore는 ⓑ 심한 비[폭우] 속에서 날씨를 생방송으로 ⓐ 보도한다.

ⓐ : __________________　　　　ⓑ : __________________

빈칸에 <보기>의 단어를 채워 Cantore에 대한 사실을 완성하세요.

보기

heavy   easy   explains   always

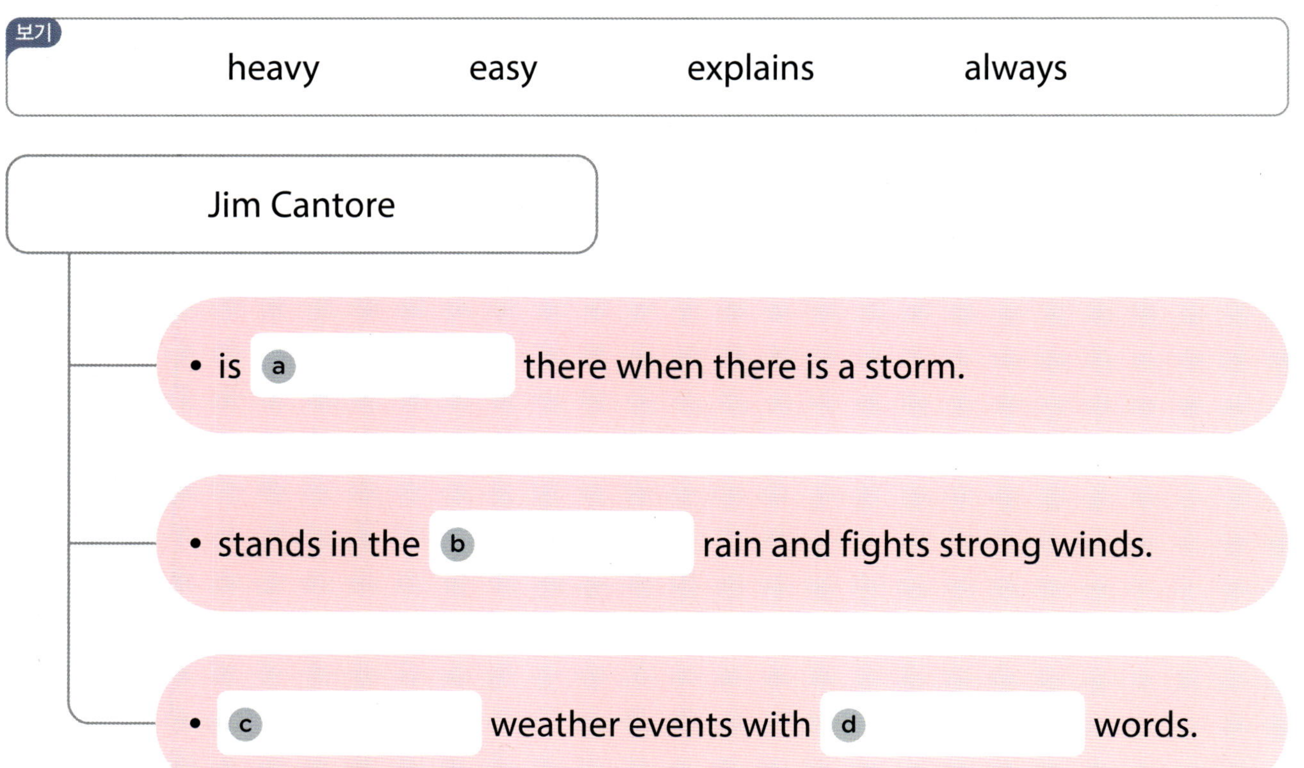

빈칸에 알맞은 단어를 <보기>에서 찾아 쓰세요.

보기

popular   weather   reports   welcome

Jim Cantore is a a reporter. He stands in the storm and b the weather live. He is c , but some people don't d Cantore in their town.

Unit 09-10 Wrap Up

A 그림에 알맞은 단어를 <보기>에서 골라 쓴 후, 우리말 의미를 쓰세요.

<보기>

along	report	drive	storm

1

2

3

단어:

의미:

B 알맞은 단어를 골라 문장을 완성하세요.

1 날씨는 좋고 시원했다.

→ The (hour / weather) was nice and cool.

2 아빠와 나는 이번 주에 많은 곳을 방문했다.

→ Dad and I (visited / rode) many places this week.

3 그는 폭우 속에 서 있는다.

→ He stands in the (heavy / popular) rain.

4 하지만 몇몇 사람들은 그들이 사는 도시에 Cantore를 환영하지 않는다.

→ But some people don't (welcome / understand) Cantore in their town.

C 다음 문장의 빈칸에 들어갈 단어를 <보기>에서 골라 쓰세요.

> 보기
>
> along   live   view   storm

1 여러분은 TV에서 그 쇼를 생방송으로 볼 수 있습니다.

→ You can watch the show ____________ on TV.

2 바다 전망이 있는 방을 원합니다.

→ We would like a room with an ocean ____________.

3 우리는 폭풍우가 부는 동안 안에 머물렀다.

→ We stayed inside during the ____________.

4 이 거리를 따라 걷고 모퉁이에서 오른쪽으로 도세요.

→ Walk ____________ this street and turn right at the corner.

D 주어진 우리말에 맞도록 알맞은 형태를 고르세요.

1 아빠는 몇 시간 동안 운전했다.

→ Dad (drive / drives / drove) for hours.

2 그는 쉬운 말로 날씨 현상을 설명한다.

→ He (explain / explains / explained) weather events with easy words.

3 우리는 호수를 따라 자전거를 탔다.

→ We (ride / rides / rode) a bike along the lake.

4 그는 생방송으로 날씨를 보도한다.

→ He (report / reports / reported) the weather live.

Pencil and Eraser

finish	끝내다, 완성하다	draw *drawing	(그림을) 그리다 *그림
erase	지우다	quit	그만두다
line	선, 줄	at the same time	동시에

A 아래 그림에 알맞은 단어를 쓰세요.

1

d ___ ___ ___

2

e ___ ___ ___ ___

B 밑줄 친 우리말에 맞는 단어를 빈칸에 쓰세요.

1 저녁 식사 전에 네 숙제를 <u>끝내라</u>.

→ ______________ your homework before dinner.

2 그는 일을 <u>그만두지</u> 않았다.

→ He didn't ______________ his job.

3 파란 <u>선</u>을 따라가 주세요.

→ Please follow the blue ______________.

Pencil and Eraser

Pencil and Eraser can't **finish** any **drawings**.

Pencil **draws** something.

But Eraser doesn't like it.

He **erases** it.

Pencil gets upset.

"I'm not a good artist.

I should **quit** drawing."

Then he has an idea.

Pencil draws **lines**.

He says, "Eraser, just erase a little.

This way, you can erase and draw **at the same time**."

Now Pencil and Eraser make a perfect drawing together.

중심 생각

1   이 글의 알맞은 제목을 고르세요.

① 두 친구를 위한 선물

② 두 친구의 특별한 그림

③ 두 친구의 치열한 경쟁

세부 내용

2   글의 내용과 맞는 것에는 O표, 틀린 것에는 X표 하세요.

(a) Eraser는 Pencil의 그림이 마음에 들었다.   __________

(b) Pencil은 결국 Eraser와 아무 그림도 그릴 수 없었다.   __________

세부 내용

3   Pencil이 그림 그리기를 그만두려고 한 이유를 고르세요.

① 혼자 그림 그리기가 싫어서

② 그림을 그릴 재료가 없어서

③ 자신이 좋은 화가가 아니라고 생각해서

중심 생각

4   글에 등장하는 단어로 빈칸을 채워 보세요.

> Pencil and Eraser can __________ a __________ and __________ b __________ a drawing together.
>
> Pencil과 Eraser는 함께 그림을 ⓐ 그리고 ⓑ 완성할 수 있어요.

a : __________________   b : __________________

 아래 상자를 알맞게 연결하여 문장을 완성하세요.

1 Pencil draws something,	2 Pencil gets upset and says,	3 Eraser erases a little,

(A) "I'm not a good artist."	(B) so he can erase and draw at the same time.	(C) but Eraser doesn't like it and erases it.

 빈칸에 알맞은 단어를 <보기>에서 찾아 쓰세요.

보기

upset	perfect	drawing	idea

Eraser doesn't like Pencil's ⓐ __________ . He erases it, and Pencil gets ⓑ __________ . But Pencil has a great ⓒ __________ ! Pencil draws lines, and Eraser erases a little. This way, Eraser can draw, too. Now, they make a ⓓ __________ drawing together.

Leonardo da Vinci

Look UP

talent	재능	interested *interested in	관심 있는 *~에 관심 있는
sketch	스케치, 밑그림	die - died	죽다
take one's time - took one's time	천천히 하다, 서두르지 않고 하다	spend - spent	(시간을) 보내다

A 아래 그림에 알맞은 단어를 쓰세요.

1

s ___ ___ ___ ___ ___

2

t ___ ___ ___ ___ ___

B 밑줄 친 우리말에 맞는 단어를 빈칸에 쓰세요.

1 많은 동물들이 오염으로 인해 <u>죽는다</u>.

→ Many animals ___________ from pollution.

2 나는 주말에 가족과 시간을 <u>보낸다</u>.

→ I ___________ time with family on weekends.

3 그는 그 게임에 <u>관심이 있다</u>.

→ He is ___________ in the game.

Leonardo da Vinci

Leonardo da Vinci had many **talents**.

But in some ways, he wasn't perfect.

He was **interested in** many things.

So he was always busy.

He left behind many **sketches** when he **died**.

He couldn't finish his work.

He also **took his time** on his paintings.

For example, he worked on *The Last Supper* for 3 years.

On *Mona Lisa*, he **spent** 14 years!

1 이 글은 무엇에 대해 설명하나요?

> Leonardo의 ___________________

① 뛰어난 재능   ② 불완전한 점   ③ 미완성 작품들

2 Leonardo에 대해 글의 내용과 맞는 것에는 O표, <u>틀린</u> 것에는 X표 하세요.

(a) 죽기 전에 많은 스케치들을 남겼다. ___________

(b) 〈모나리자〉를 완성하는 데 14일이 걸렸다. ___________

3 글의 내용을 <u>잘못</u> 이해한 사람을 고르세요.

① 유나: Leonardo는 다양한 분야에 관심이 많았어.

② 이안: Leonardo는 그림을 완성하는 데 서두르지 않았어.

③ 우진: Leonardo는 〈최후의 만찬〉을 3일 안에 완성했어.

4 글에 등장하는 단어로 빈칸을 채워 보세요.

> Leonardo da Vinci couldn't __________ **a** his work and __________ **b**
> behind so many sketches.
>
> Leonardo da Vinci는 작업을 ⓐ <u>끝낼</u> 수 없었고 정말 많은 스케치들을 ⓑ <u>남겼어요</u>.

a : ___________________   b : ___________________

 문장에 알맞은 단어를 골라 Da Vinci에 대한 설명을 완성하세요.

Leonardo da Vinci

- wasn't **a**   perfect   interested   in some ways.

- couldn't **b**   take   finish   his work.

- **c**   left   worked   behind many sketches when he died.

- spent much **d**   money   time   on his paintings.

 빈칸에 알맞은 단어를 <보기>에서 찾아 쓰세요.

보기

work   spent   died   interested

Leonardo da Vinci was **a**   in many things. He was always

busy. But he couldn't finish his **b**   . He left behind many

sketches when he **c**   . He also took his time on his paintings.

He **d**   14 years on *Mona Lisa*.

Unit 11-12 Wrap Up

A 그림에 알맞은 단어를 <보기>에서 골라 쓴 후, 우리말 의미를 쓰세요.

<보기>

erase	draw	talent	spend

1

단어:

의미:

2

단어:

의미:

3

단어:

의미:

B 알맞은 단어를 골라 문장을 완성하세요.

1 그래서 그는 항상 바빴다.

→ So he was always (perfect / busy).

2 나는 그림 그리는 것을 그만두어야 해.

→ I should (finish / quit) drawing.

3 그러고 나서 그는 아이디어를 생각해 낸다.

→ Then he has a(n) (line / idea).

4 그는 사망했을 때 많은 스케치를 남겼다.

→ He left behind many (sketches / talents) when he died.

C 다음 문장의 빈칸에 들어갈 단어를 <보기>에서 골라 쓰세요.

보기

| time | interested | line | talent |

1 그는 음악에 흥미가 있다.

→ He is ____________ in music.

2 중앙에 선 하나를 그려라.

→ Draw a ____________ in the middle.

3 우리는 동시에 놀면서 배운다.

→ We play and learn at the same ____________ .

4 그녀는 요리에 재능이 있다.

→ She has a ____________ for cooking.

D 주어진 우리말에 맞도록 알맞은 형태를 고르세요.

1 Pencil은 무언가를 그린다.

→ Pencil (draw / draws / drew) something.

2 그는 <모나리자>에 14년을 보냈다!

→ On *Mona Lisa*, he (spend / spends / spent) 14 years!

3 그는 "Eraser야, 그냥 조금만 지워."라고 말한다.

→ He says, "Eraser, just (erase / erases / erased) a little."

4 그는 작업을 끝낼 수 없었다.

→ He couldn't (finish / finishes / finished) his work.

13 Colors of the Week

important	중요한		each	각각의, 각자의
wear - wore	(옷 등을) 입다, 신다, 쓰다		luck	행운
final *final round	마지막의 *결승전		usually	보통, 대개

A 아래 그림에 알맞은 단어를 쓰세요.

1

__ __ __ h

2

l __ __ __

B 밑줄 친 우리말에 맞는 단어를 빈칸에 쓰세요.

1 친구는 삶에 <u>중요하다</u>.

→ Friends are ___________ in life.

2 그녀는 원피스 <u>입는</u> 것을 좋아한다.

→ She likes to ___________ dresses.

3 우리는 <u>보통</u> 6시에 저녁 식사를 한다.

→ We ___________ have dinner at 6.

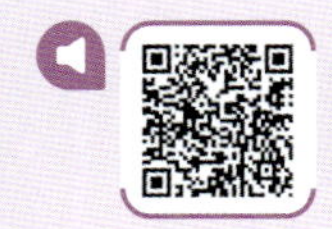

Colors of the Week

Colors are **important** to people in Thailand.

There is a color for **each** day.

Wearing the right color brings **luck**.

Monday	Tuesday	Wednesday	Thursday	Friday	Saturday	Sunday
yellow	pink	green	orange	light blue	purple	red

But Thai people don't do it every day.

They do it only when there's something important.

A famous golfer, Tiger Woods, is *half Thai.

He always wore red on **final rounds**.

The games were **usually** on Sundays!

*half Thai 태국계 혼혈인

중심 생각

1 이 글은 무엇에 대해 설명하는 내용인가요?

> 태국의 ________________________

① 화려한 의상

② 요일마다 다른 행운의 색

③ 승리를 불러오는 빨간색

세부 내용

2 글의 내용과 맞는 것에는 O표, <u>틀린</u> 것에는 X표 하세요.

(a) 태국 사람들에게 색은 매우 중요하다. ________

(b) 태국에서 금요일 행운의 색은 주황색이다. ________

(c) 태국 사람들은 항상 요일별 색에 맞춰 옷을 입는다. ________

세부 내용

3 Tiger Woods가 결승전에서 빨간색을 입은 이유를 고르세요.

① 가장 잘 어울리는 색이었기 때문에

② 경기 중 집중력이 올라가기 때문에

③ 결승전이 주로 일요일에 있었기 때문에

중심 생각

4 글에 등장하는 단어로 빈칸을 채워 보세요.

> In Thailand, there is a color for ________ ⓐ day. Wearing the right color brings ________ ⓑ .
>
> 태국에는 ⓐ 각 요일에 맞는 색이 있어요. 알맞은 색을 입는 것은 ⓑ 행운을 불러와요.

ⓐ : ________________________   ⓑ : ________________________

 아래 표를 사용하여, 각 요일에 맞는 행운의 색 의상을 연결하세요.

Monday	Tuesday	Wednesday	Thursday	Friday	Saturday	Sunday
yellow	pink	green	orange	light blue	purple	red

1 I have a test next Monday. • • (A)

2 Today is Tuesday. I have a job interview tomorrow. • • (B)

3 Last Thursday, I wore this, and I won the game. • • (C)

 빈칸에 알맞은 단어를 <보기>에서 찾아 쓰세요.

보기

final   brings   usually   important

In Thailand, colors are important. There is a color for each day. Wearing the right color a ______ luck. But Thai people only do it when there is something b ______ . Tiger Woods wore red on c ______ rounds. The games were d ______ on Sundays.

14 New Year's Eve

wait	기다리다	until	~까지
midnight	밤 12시, 자정	celebration	기념행사, 축하 행사
ring	울리다	wish *wish the best	바라다, 빌다 *좋은 일만 가득하길 빌다

A 아래 그림에 알맞은 단어를 쓰세요.

1

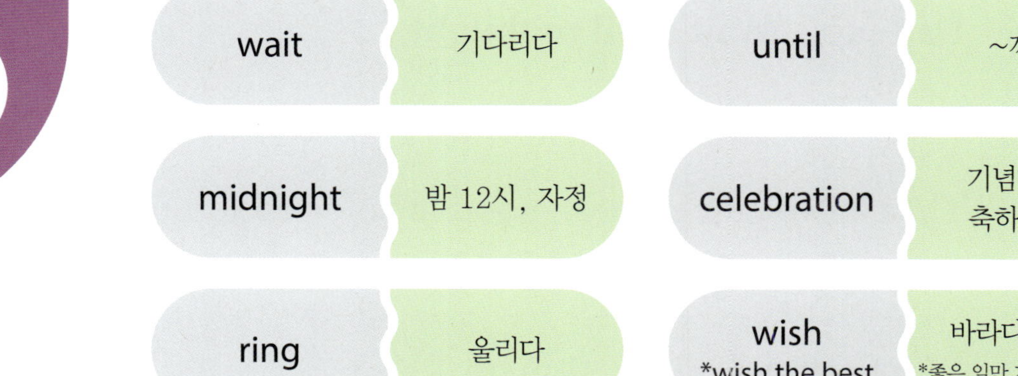

w ___ ___ ___

2

r ___ ___ ___

B 밑줄 친 우리말에 맞는 단어를 빈칸에 쓰세요.

1 너는 오후 9시<u>까지</u> TV를 봐도 된다.

→ You can watch TV ______________ 9 p.m.

2 결혼 <u>축하 행사</u>가 곧 시작한다.

→ The wedding ______________ starts soon.

3 당신에게 좋은 일만 가득하길 <u>빌어요</u>.

→ I ______________ the best for you.

New Year's Eve

On New Year's Eve, Dad washes grapes.

But I can't eat them now.

Dad says, "**Wait until midnight**.

You'll eat a grape one-by-one twelve times.

The twelve grapes mean good luck for each month."

We watch the **celebration** on TV.

When it's midnight, the bell **rings**.

Ding, dong, ding, dong.

Then I eat twelve grapes, one for every ding.

I **wish the best** for my family.

중심 생각

1 이 글에서 가장 중심이 되는 단어에 O표 하세요.

> midnight   grapes   celebration   bell

중심 생각

2 이 글의 알맞은 제목을 고르세요.

① 아빠와 보낸 즐거운 하루

② 우리 가족 최고의 디저트, 포도

③ 포도를 먹으면서 맞이하는 새해

세부 내용

3 글의 내용과 맞는 것에는 O표, **틀린** 것에는 X표 하세요.

(a) '나'는 밤 12시 전까지는 포도를 먹을 수 없다.   __________

(b) 포도 열두 알은 12년을 의미한다.   __________

(c) '나'는 종이 칠 때마다 포도를 한 알씩 먹는다.   __________

중심 생각

4 글에 등장하는 단어로 빈칸을 채워 보세요.

> At __________ⓐ__________ , I eat twelve grapes. I __________ⓑ__________ the best for my family.
>
> ⓐ 밤 12시에 나는 포도 열두 알을 먹어요. 나는 내 가족에게 좋은 일만 가득하길
> ⓑ 빌어요.

a : __________________   b : __________________

빈칸에 알맞은 단어를 <보기>에서 찾아 쓰세요.

보기

| grape | Eve | eats | month |

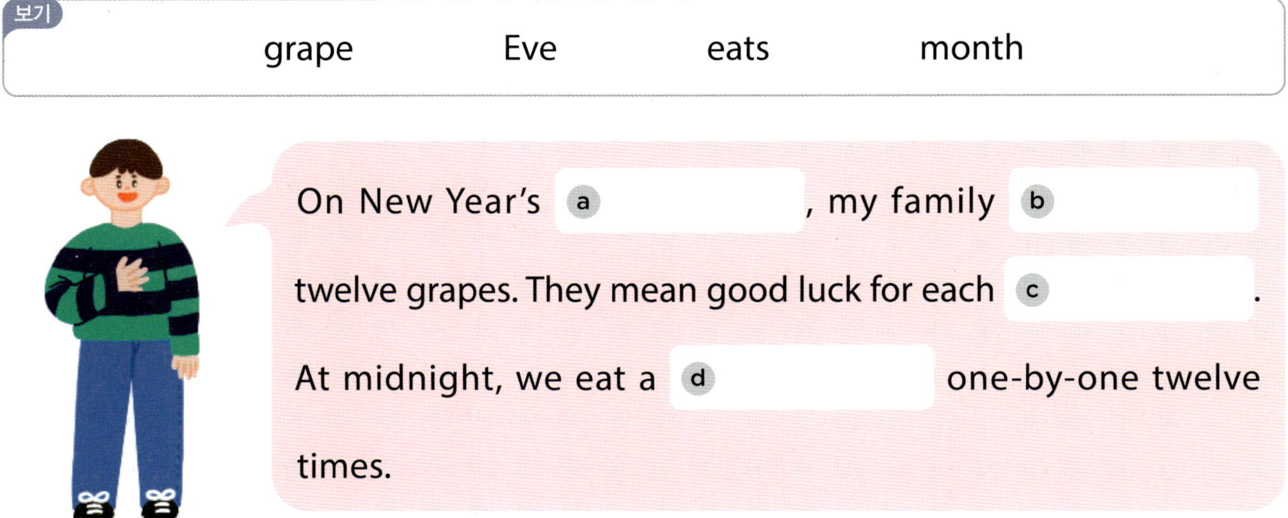

이야기의 순서에 맞게 빈칸에 번호를 쓰세요.

2 → ______ → ______ → ______

정답과 해설 p.36

A 그림에 알맞은 단어를 <보기>에서 골라 쓴 후, 우리말 의미를 쓰세요.

보기
| visit | wait | ring | luck |

1

2

3

단어:

의미:

B 알맞은 단어를 골라 문장을 완성하세요.

1 아빠는 "밤 12시까지 기다려라."라고 말한다.

→ Dad says, "Wait until (midnight / celebration)."

2 나는 내 가족에게 좋은 일만 가득하길 빈다.

→ I (wear / wish) the best for my family.

3 색은 태국 사람들에게 중요하다.

→ Colors are (right / important) to people in Thailand.

4 각각의 날에 맞는 색이 있다.

→ There is a color for (each / final) day.

C 다음 문장의 빈칸에 들어갈 단어를 <보기>에서 골라 쓰세요.

> 보기
>
> celebration   until   final   usually

1 크리스마스 축하 행사에는 많은 사람들이 있었다.

→ There were many people at the Christmas ______________.

2 마지막 수업은 오후 2시 반에 끝난다.

→ The ______________ class ends at 2:30 p.m.

3 나는 보통 금요일마다 할머니 댁에 방문한다.

→ I ______________ visit my grandmother on Fridays.

4 그 고양이는 정오까지 잠을 잔다.

→ The cat sleeps ______________ noon.

D 주어진 우리말에 맞도록 알맞은 형태를 고르세요.

1 포도 열두 알은 각 달의 행운을 <u>의미한다</u>.

→ The twelve grapes (mean / means / meant) good luck for each month.

2 알맞은 색을 입는 것은 행운을 <u>불러온다</u>.

→ Wearing the right color (bring / brings / brought) luck.

3 밤 12시일 때, 종이 <u>울린다</u>.

→ When it's midnight, the bell (ring / rings / rang).

4 그는 항상 결승전에 빨간색을 <u>입었다</u>.

→ He always (wear / wears / wore) red on final rounds.

A Cold Virus

sick	아픈	sneeze	재채기하다
fly	날다	land	1. 착륙하다, 내려앉다 2. 땅, 육지
wash	씻다	make	~하게 만들다

A 아래 그림에 알맞은 단어를 쓰세요.

1
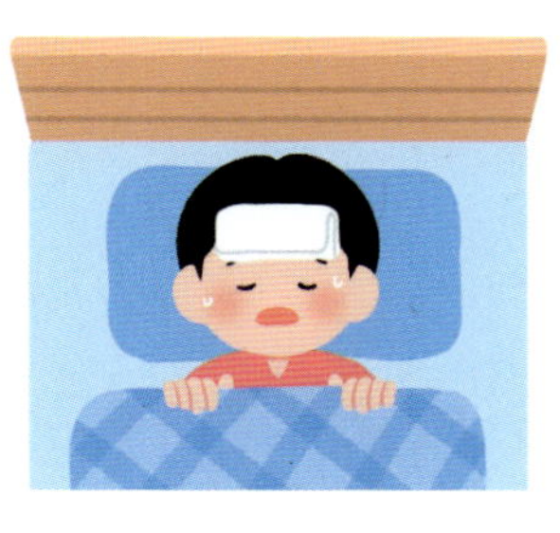

s __ __ __

2

s __ __ __ e

B 밑줄 친 우리말에 맞는 단어를 빈칸에 쓰세요.

1 너는 날 행복하게 <u>만든다</u>.

→ You ____________ me happy.

2 그 비행기는 곧 <u>착륙할</u> 것이다.

→ The airplane will ____________ soon.

3 손을 먼저 <u>씻어라</u>.

→ ____________ your hands first.

A Cold Virus

I'm a cold virus.

I live inside Kate's nose.

Kate is **sick** because of me.

Ah-choo!

Kate **sneezes** again.

So I **fly** out of her ______(A)______.

I see Kate's friend Sally.

I **land** on her ______(B)______.

But soon, she goes to the bathroom.

She **washes** her hands.

Oh no! I can't stay on her hands now.

I can't **make** her sick, too.

세부 내용

1 'I'에 대해 글의 내용과 맞는 것에는 O표, <u>틀린</u> 것에는 X표 하세요.

(a) Kate의 콧속에서 산다. ___________

(b) 사람들을 아프게 할 수 있다. ___________

빈칸 추론

2 빈칸 (A), (B)에 들어갈 말로 알맞게 짝지어진 것을 고르세요.

	(A)		(B)
①	nose	…	hair
②	mouth	…	nose
③	nose	…	hands

세부 내용

3 'I'가 한 일이 <u>아닌</u> 것을 고르세요.

① Kate를 아프게 하기　　② Sally의 손으로 이동하기　　③ 화장실에서 손 씻기

중심 생각

4 글에 등장하는 단어로 빈칸을 채워 보세요.

> Wash your hands well. Then a ___ a ___ virus can't make you ___ b ___.
>
> 여러분의 손을 잘 씻으세요. 그러면 ⓐ 감기 바이러스가 여러분을 ⓑ 아프게 할 수 없어요.

a : ___________________　　　　b : ___________________

 다음 그림에 알맞은 문장을 연결하세요.

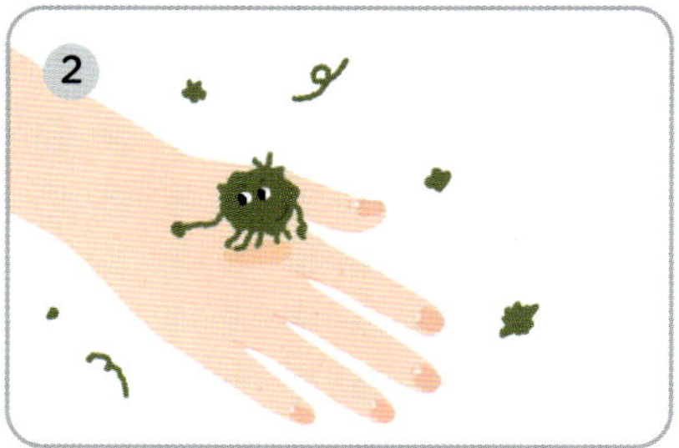

(A) The cold virus lands on Sally's hands.

(B) Sally washes her hands. The cold virus can't stay.

(C) The cold virus flies out of Kate's nose.

 빈칸에 알맞은 단어를 <보기>에서 찾아 쓰세요.

보기

| lands | stay | nose | sick |

Kate is sick because of a cold. When she sneezes, the cold virus flies out of her a __________ . It b __________ on Sally's hands. But she goes to the bathroom and washes her hands. The virus can't c __________ , and it can't make Sally d __________ !

Washing Your Hands

wrong	틀린, 잘못된	kill	죽이다
alone	혼자, 단독으로	dry *dryer	말리다, 건조시키다 *건조기
towel	수건, 타월	second	((시간)) 초

A 아래 그림에 알맞은 단어를 쓰세요.

1
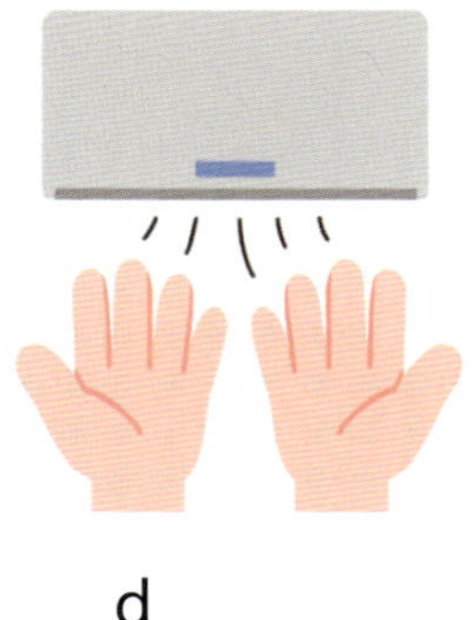
d __ __

2
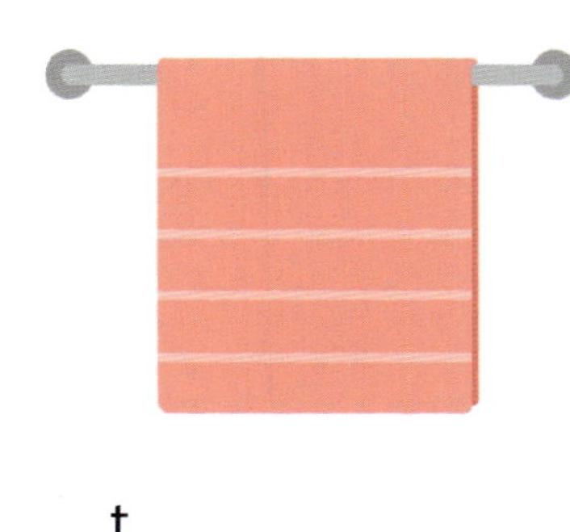
t __ __ __ __

B 밑줄 친 우리말에 맞는 단어를 빈칸에 쓰세요.

1 너의 대답은 <u>틀리다</u>.

→ Your answer is ____________.

2 그 벌레를 <u>죽이지</u> 마.

→ Do not ____________ the bug.

3 <u>5초</u> 동안 그는 아무 말도 하지 않았다.

→ For five ____________s, he didn't say anything.

Washing Your Hands

Washing hands is important.

It can keep us healthy.

But some people have the **wrong** ideas about it.

Wrong idea 1: Use only hot water.

Hot water doesn't **kill** *bacteria **alone**.

You must use soap.

Wrong idea 2: Hand **dryers** are very safe.

There are bacteria inside hand dryers, too.

Dry your hands with paper **towels**.

Wrong idea 3: When you use soap, time is not important.

It is important.

It takes 20 **seconds** to kill bacteria.

*bacteria 박테리아, 세균

중심 생각

1 이 글의 알맞은 제목을 고르세요.

① 손 씻기의 장점

② 손 씻기가 건강에 미치는 영향

③ 손 씻기에 관한 잘못된 생각 바로잡기

세부 내용

2 글의 내용과 맞는 것에는 O표, 틀린 것에는 X표 하세요.

(a) 따뜻한 물만으로도 박테리아를 죽일 수 있다. __________

(b) 손 건조기는 안전하지 않다. __________

(c) 비누를 사용할 때도 손 씻는 시간은 중요하다. __________

중심 생각

3 글에 등장하는 단어로 빈칸을 채워 보세요.

> Wash your hands with soap for 20 __________ (a) . Use paper __________ (b) instead of hand dryers.
>
> 비누를 사용하여 ⓐ 20초 동안 손을 씻으세요. 손 건조기 대신에 종이 ⓑ 수건을 쓰세요.

a : __________________ b : __________________

손 씻기에 대한 내용 중 사실이면 True, 거짓이면 False에 ∨표 하세요.

Facts About Washing Hands

1. Hot water can kill bacteria alone. ☐ True ☐ False

2. You must use soap. ☐ True ☐ False

3. You must use hand dryers. ☐ True ☐ False

4. Don't use paper towels. ☐ True ☐ False

5. Time isn't important with soap. ☐ True ☐ False

Sum UP

빈칸에 알맞은 단어를 <보기>에서 찾아 쓰세요.

보기

| safe | seconds | keeps | soap |

Washing hands is important and (a) _______ us healthy. First, use water and (b) _______. Water doesn't kill bacteria alone. Second, dry your hands with paper towels. Hand dryers are not (c) _______ because there are bacteria inside. Third, check the time. It takes 20 (d) _______ to kill bacteria with soap.

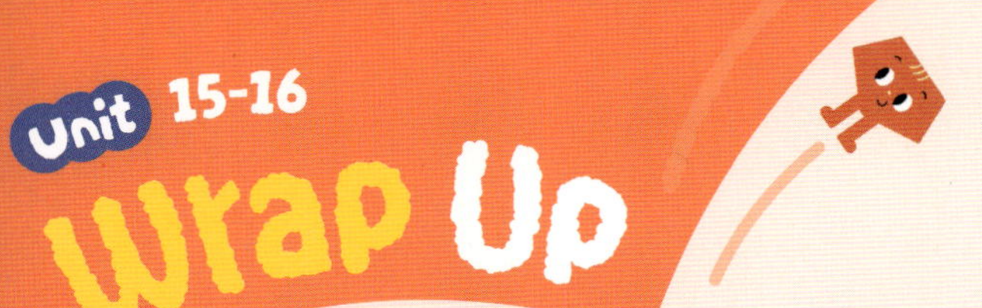 Wrap Up

정답과 해설 p.40

A 그림에 알맞은 단어를 <보기>에서 골라 쓴 후, 우리말 의미를 쓰세요.

보기
sick	dry	fly	sneeze

1

2

3

단어:

의미:

B 알맞은 단어를 골라 문장을 완성하세요.

1 그래서 나는 그녀의 코에서 날아나간다.

→ So I (land / fly) out of her nose.

2 그녀는 손을 씻는다.

→ She (washes / kills) her hands.

3 종이 수건으로 손을 말려라.

→ Dry your hands with paper (soap / towels).

4 하지만 몇몇 사람들은 그것에 대해 잘못된 생각들을 가지고 있다.

→ But some people have the (wrong / important) ideas about it.

C 다음 문장의 빈칸에 들어갈 단어를 <보기>에서 골라 쓰세요.

> 보기
>
> dry   land   towel   alone

1 내 수건은 화장실 안에 있다.

→ My ______________ is in the bathroom.

2 때때로, 나는 혼자 영화를 본다.

→ Sometimes, I watch movies ______________ .

3 나는 젖은 신발을 말려야 한다.

→ I should ______________ my wet shoes.

4 우리는 새가 나무에 내려앉는 것을 지켜봤다.

→ We watched birds ______________ on the tree.

D 주어진 우리말에 맞도록 알맞은 형태를 고르세요.

1 나는 Kate의 코 안에서 산다.

→ I (live / lives / lived) inside Kate's nose.

2 Kate는 다시 재채기한다.

→ Kate (sneeze / sneezes / sneezed) again.

3 따뜻한 물은 홀로 박테리아를 죽이지 않는다.

→ Hot water doesn't (kill / kills / killed) bacteria alone.

4 박테리아를 죽이는 것은 20초가 걸린다.

→ It (take / takes / took) 20 seconds to kill bacteria.

왓츠그래머 시리즈로 영문법의 기초를 다져보세요!

1 초등 교과 과정에서 필수인 문법 사항 총망라
2 세심한 난이도 조정으로 학습 부담은 DOWN
3 중, 고등 문법을 대비하여 탄탄히 쌓는 기초

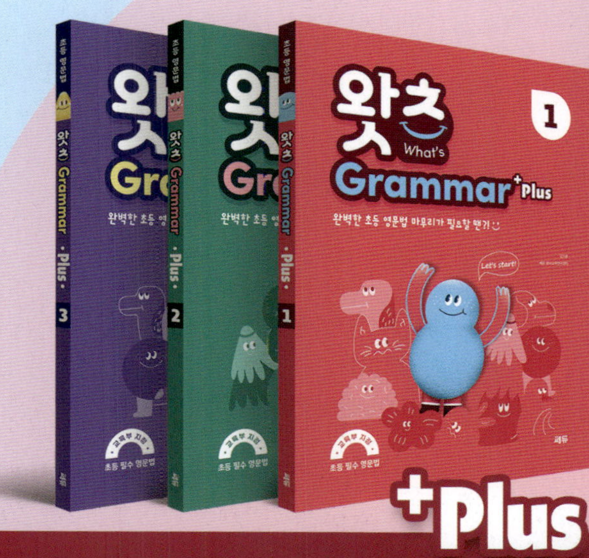

Start

아이들이 영문법을 처음 접한다면?
초등 저학년을 위한 기초 문법서

+Plus

기초 문법 개념을 한 바퀴 돌렸다면?
초등 고학년을 위한 기초 & 심화 문법서

초등학생을 위한 필수 기초 & 심화 문법

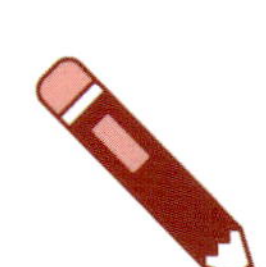

1 초등 기초 & 심화 문법 완성을 위한 3단계 구성

2 누적·반복 학습이 가능한 나선형 커리큘럼

3 쉽게 세분화된 문법 항목과 세심하게 조정된 난이도

4 유닛별 누적 리뷰 테스트와 파이널 테스트 2회분 수록

5 워크북과 단어쓰기 연습지로 완벽하게 복습

쎄듀

 **1** 　'나'에게 딱! 맞는 암기&문제모드만 골라서 학습!

5가지 암기모드

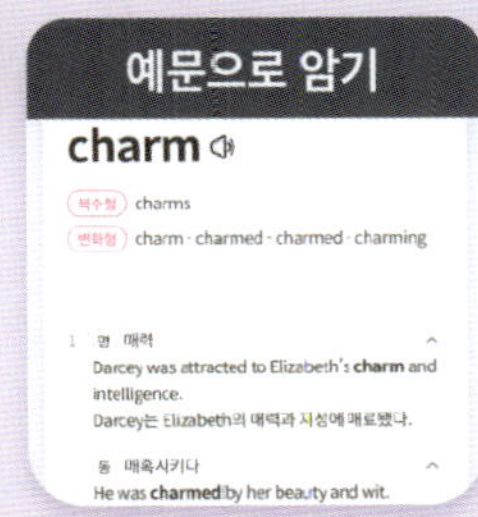

8가지 문제모드

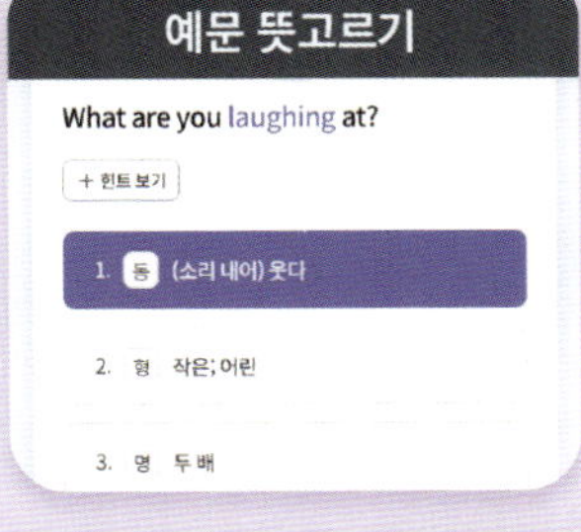

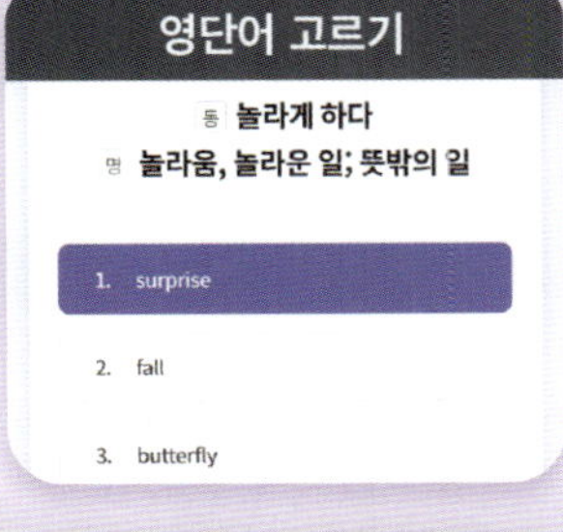

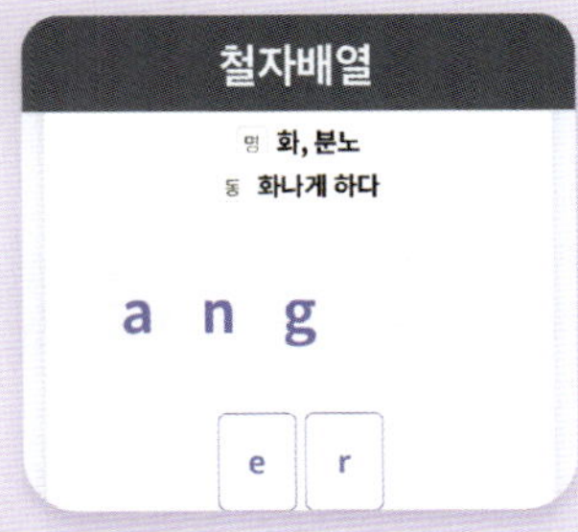

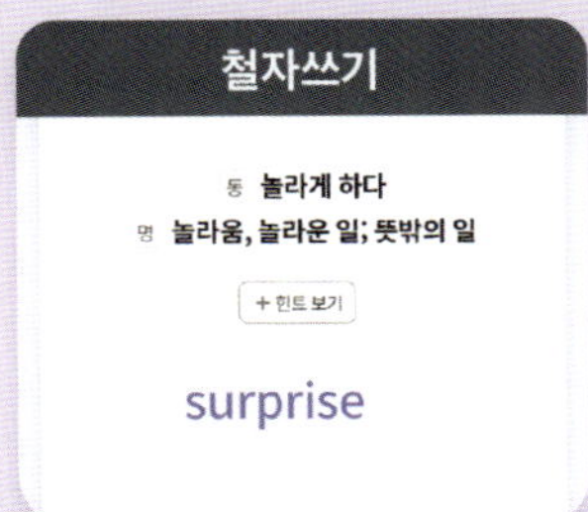

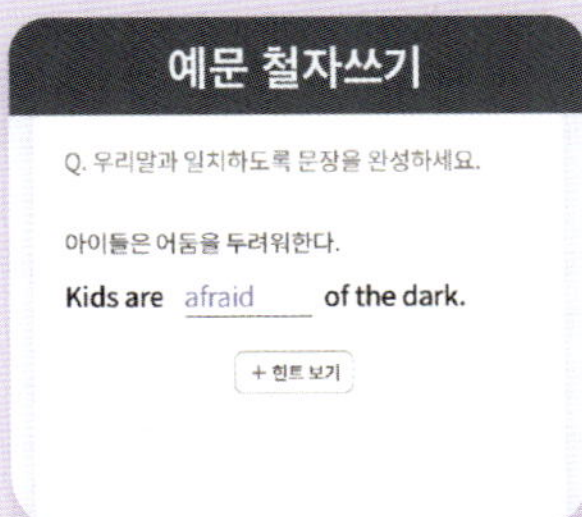

 　암기모드를 선택하면, 최적의 문제 모드를 자동 추천!

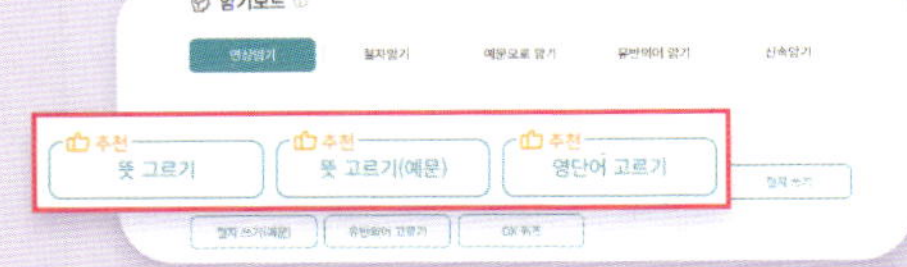

2 　미암기 단어는 단어장에! 외워질 때까지 반복 학습 GO!

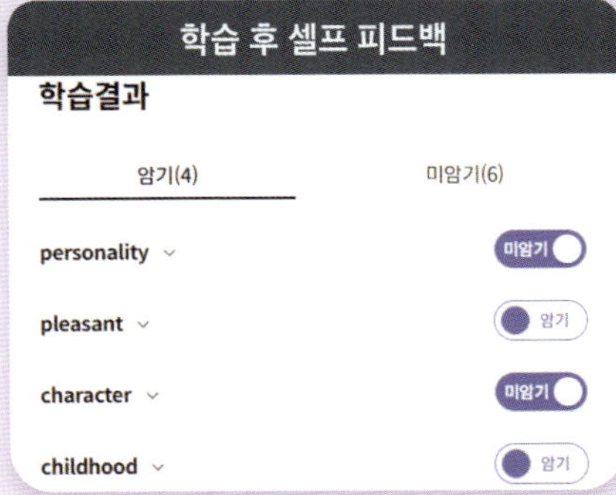

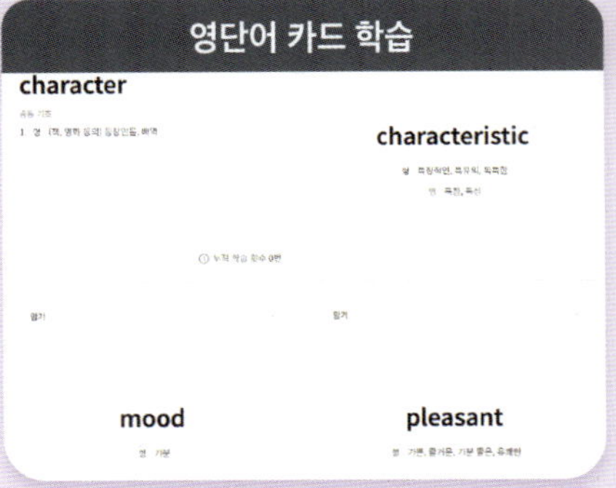

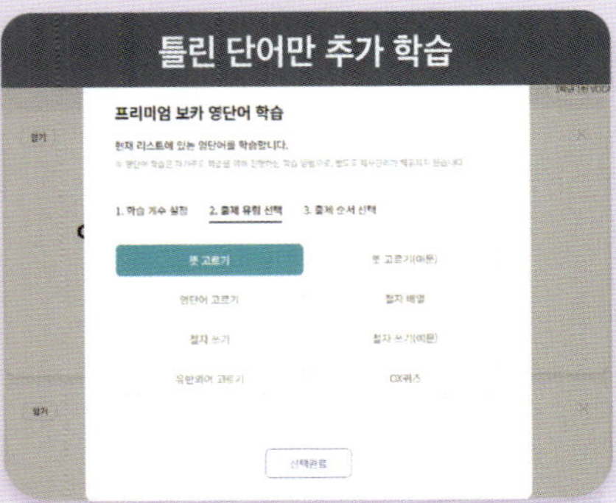

Words
60

• **WORKBOOK** •

Time for a Break

A 주어진 그림과 의미에 알맞은 표현을 빈칸에 채워 퍼즐을 완성하세요.

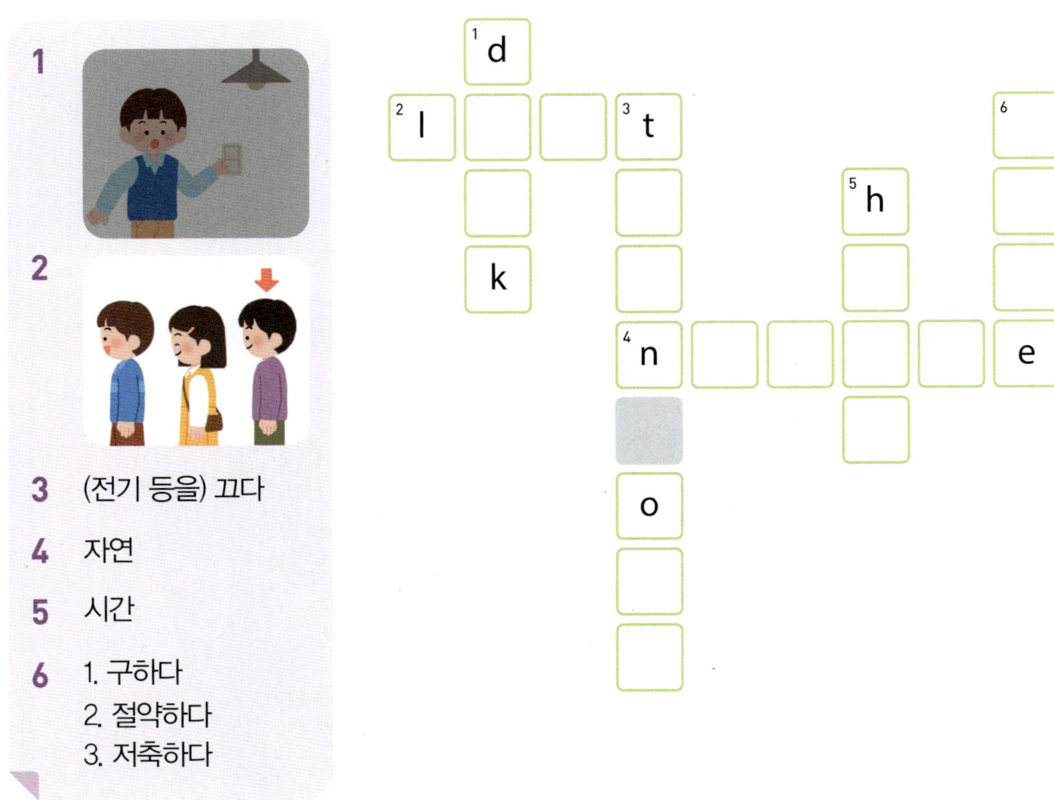

1
2
3 (전기 등을) 끄다
4 자연
5 시간
6 1. 구하다
2. 절약하다
3. 저축하다

B 주어진 단어의 알맞은 우리말 뜻을 찾아 연결하세요.

1 need ·   · (전깃)불

2 break ·   · 영웅

3 hero ·   · 휴식

4 light ·   · 참여하다,
                    함께하다

5 join ·   · 필요하다

◎ 정답과 해설 p.42

C 주어진 문장에서 주어는 밑줄을 치고, 동사에는 ○표 하세요.

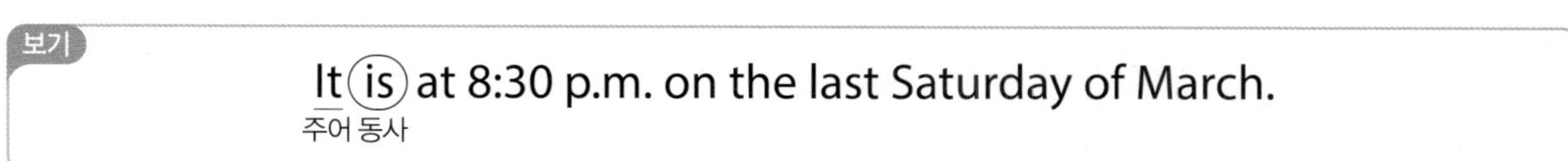

> **보기**
> It ⒤ at 8:30 p.m. on the last Saturday of March.
> 주어 동사

1 Earth needs a break.

2 Join us for Earth Hour.

3 You can enjoy the nature outside.

4 Together, we can be heroes in the dark.

D 단어를 올바른 순서로 배열하여 문장을 완성하세요.

1 불을 한 시간 동안 끄자.

| lights | turn off | let's |

→ ___________________________________ for an hour.

2 여러분은 Earth Hour를 위해 또 다른 것을 할 수 있다.

| do | you | something else | can |

→ ___________________________________ for Earth Hour.

3 여러분은 자연에 대한 책을 읽을 수 있다.

| a book | nature | about |

→ You can read ___________________________________.

Save the Date for Trees

A 주어진 그림과 의미에 알맞은 표현을 빈칸에 채워 퍼즐을 완성하세요.

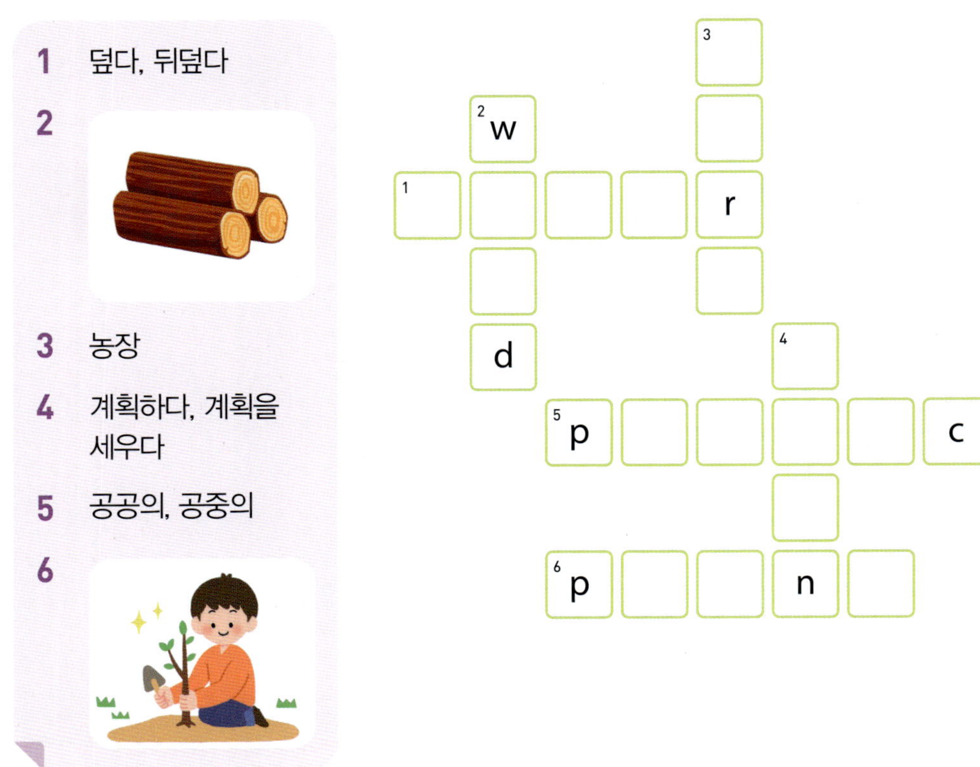

1 덮다, 뒤덮다
2
3 농장
4 계획하다, 계획을 세우다
5 공공의, 공중의
6

B 주어진 단어의 알맞은 우리말 뜻을 찾아 연결하세요.

1 land • • 자르다, 베다

2 cut down • • 날짜

3 country • • 땅, 토지

4 free • • 나라, 국가

5 date • • 무료의, 공짜의

◐ 정답과 해설 p.42

C 주어진 문장에서 주어는 밑줄을 치고, 동사에는 ○표 하세요.

> [보기]
>
> So <u>the country</u> (made) Tree Planting Day.
>   주어   동사

1 They also use the land for farms.

2 Then they plant the trees on public land.

3 Trees now only cover about 10 percent of Kenya.

4 Some people buy and plant trees on their own land, too. (주어 1개, 동사 2개)

D 단어를 올바른 순서로 배열하여 문장을 완성하세요.

1 케냐의 사람들은 장작을 위해 나무를 자른다.

| for the wood | cut down | trees | people in Kenya |

→ ____ .

2 이날, 케냐는 사람들에게 무료 나무들을 준다.

| free trees | Kenya | to people | gives |

→ On this day, _________________________________ .

3 케냐는 2032년까지 나무 150억 그루 심기를 계획한다.

| plans | 15 billion trees | Kenya | to plant |

→ _________________________________ by 2032.

Bunny and the Moon

A 주어진 그림과 의미에 알맞은 표현을 빈칸에 채워 퍼즐을 완성하세요.

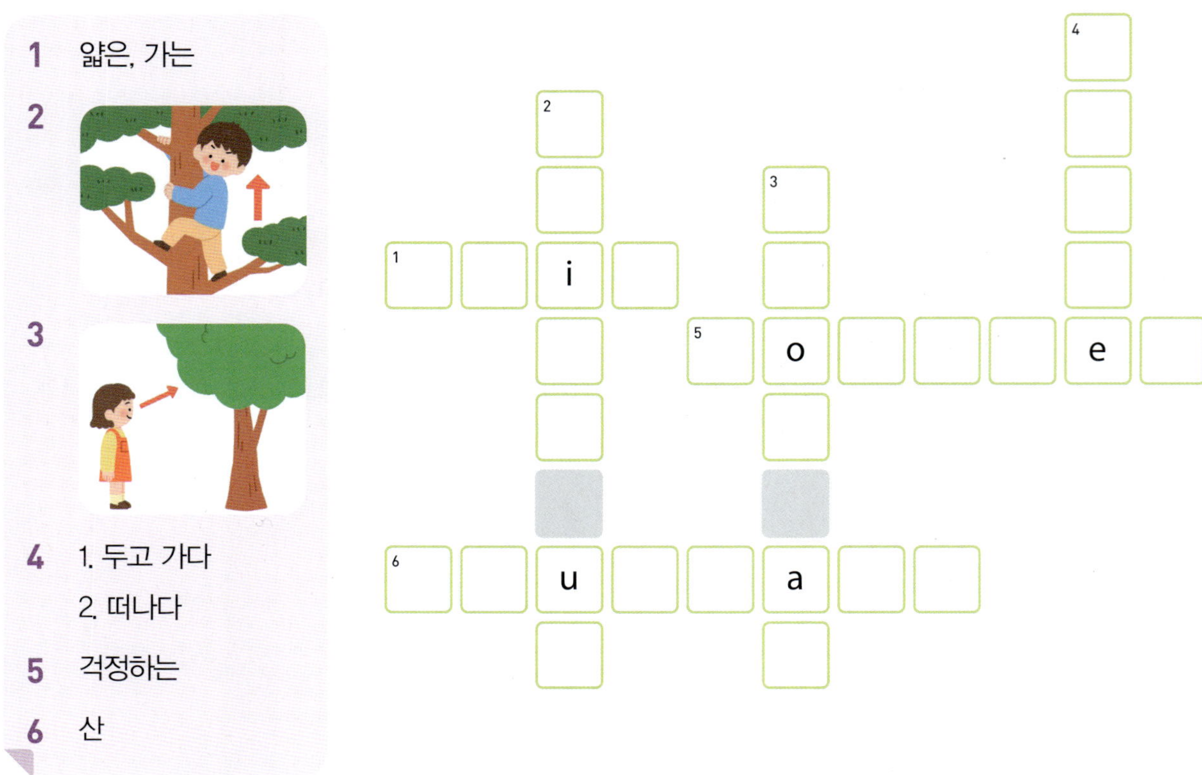

1 얇은, 가는

2

3

4 1. 두고 가다
  2. 떠나다

5 걱정하는

6 산

B 주어진 단어의 알맞은 우리말 뜻을 찾아 연결하세요.

1 become •

2 yesterday •

3 change •

4 need •

5 again •

• 변하다, 바꾸다

• 다시

• ~해지다,
  ~이 되다

• 필요하다

• 어제

C 주어진 문장에서 주어는 밑줄을 치고, 동사에는 ○표 하세요.

1 Bunny becomes worried.

2 The Moon is smaller than yesterday.

3 It doesn't need any food!

4 The next day, she climbs up the mountain.

D 단어를 올바른 순서로 배열하여 문장을 완성하세요.

1 Bunny는 달을 본다.

| looks at | the Moon | Bunny |

→ ______________________________.

2 곧, 그것은 더 가늘어지기도 한다.

| thinner | becomes | it |

→ Soon, ______________________________, too.

3 하지만 음식은 여전히 그곳에 있다.

| still there | is | the food | but |

→ ______________________________.

Moon Walkers

A 주어진 그림과 의미에 알맞은 표현을 빈칸에 채워 퍼즐을 완성하세요.

1
2 말하다
3 ((시간)) 분
4
5 도착하다
6 사진을 찍다

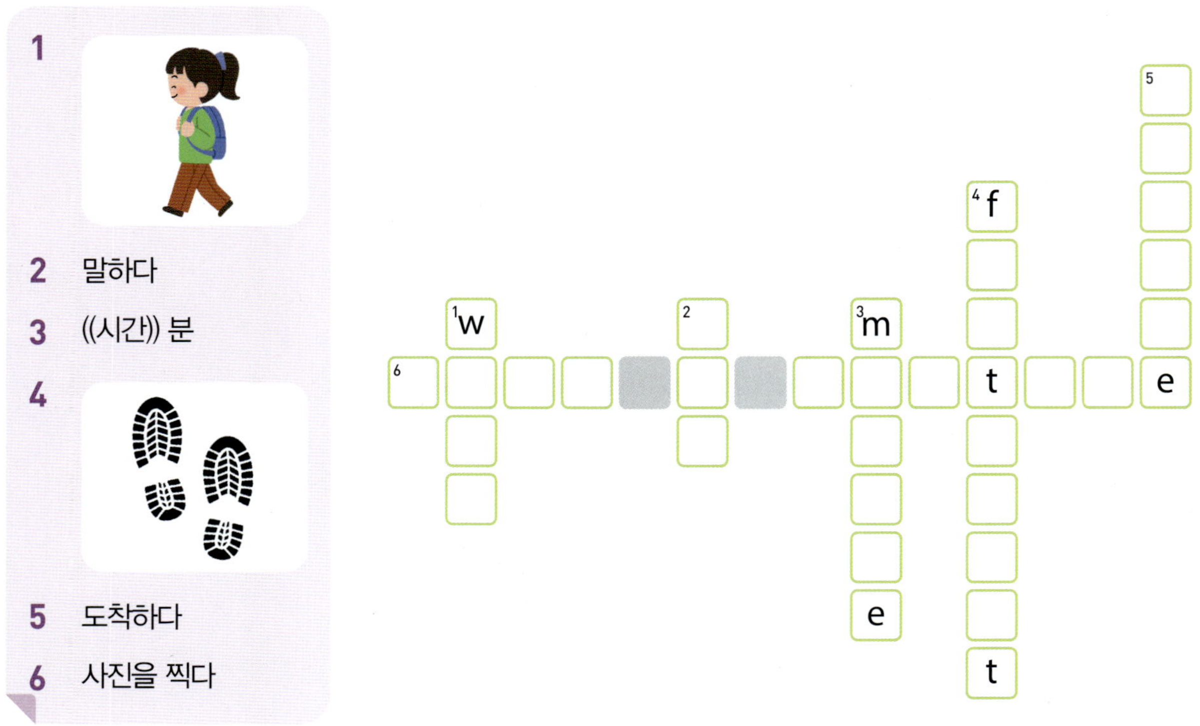

B 주어진 단어의 알맞은 우리말 뜻을 찾아 연결하세요.

1 walker •   • 알다

2 first •   • 첫 번째의

3 know •   • 머무르다

4 leave •   • 걷는 사람

5 stay •   • 두고 가다,
                      남기다

C 주어진 문장에서 주어는 밑줄을 치고, 동사에는 ○표 하세요.

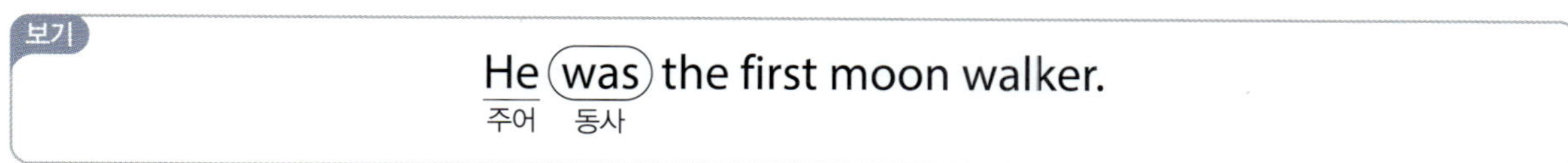

1 He walked on the Moon 19 minutes after Armstrong.

2 Many people know Neil Armstrong.

3 Together, Neil Armstrong and Buzz Aldrin made history.

4 When he arrived, he said, "Beautiful, beautiful." (주어 2개, 동사 2개)

D 단어를 올바른 순서로 배열하여 문장을 완성하세요.

1 하지만 몇몇 사람들은 Buzz Aldrin을 알지 못한다.

| some people | don't | but | know |

→ ____ Buzz Aldrin.

2 그는 그곳에 21시간 동안 머물렀다.

| he | there | stayed |

→ ____ for 21 hours.

3 그는 사진을 찍고 발자국을 남겼다.

| and | pictures | footprints | left | took |

→ He ____.

My Selfies

A 주어진 그림과 의미에 알맞은 표현을 빈칸에 채워 퍼즐을 완성하세요.

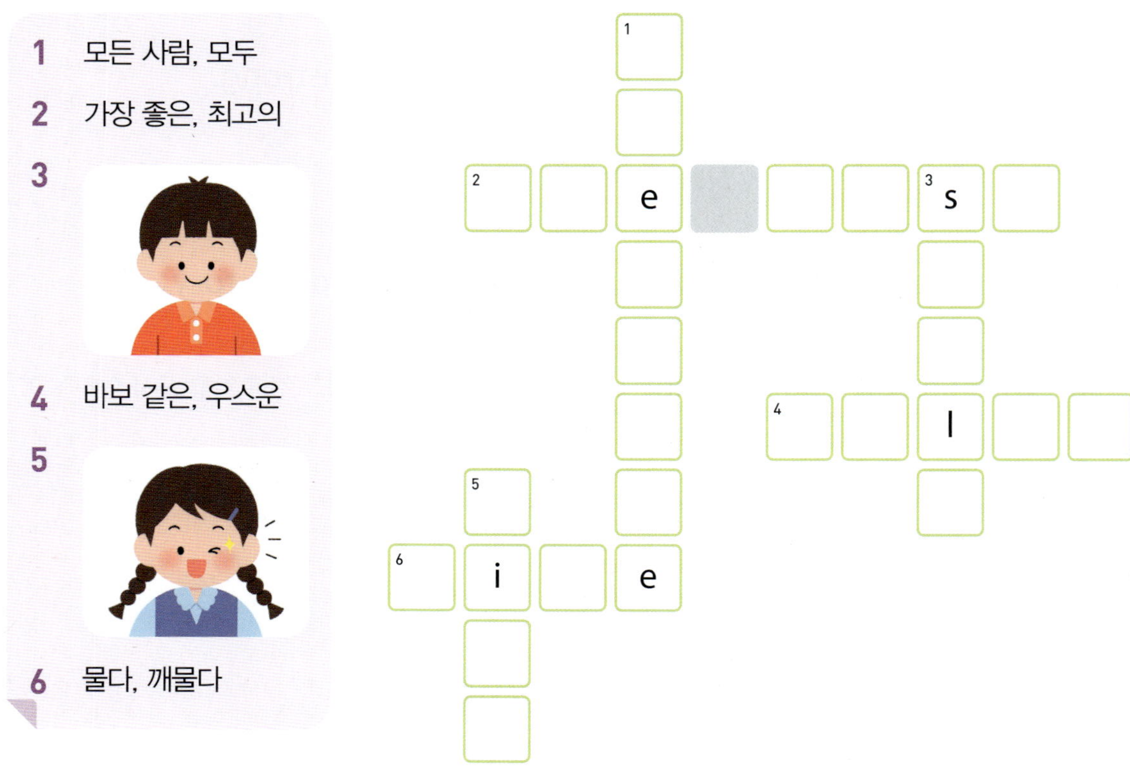

1 모든 사람, 모두

2 가장 좋은, 최고의

3

4 바보 같은, 우스운

5

6 물다, 깨물다

B 주어진 단어의 알맞은 우리말 뜻을 찾아 연결하세요.

1 wake up •

2 look •

3 face •

4 bad •

5 happy •

• 행복한

• ~해 보이다

• 좋지 않은, 별로인

• (잠에서) 일어나다, 깨어나다

• 얼굴

C 주어진 문장에서 주어는 밑줄을 치고, 동사에는 ○표 하세요.

> **보기**
>
> This (is) the best selfie.
> 주어 동사

1 Oh, I have an idea!

2 My hair looks bad.

3 Everyone smiles and looks happy. (주어 1개, 동사 2개)

4 I take a selfie when I am with my friends. (주어 2개, 동사 2개)

D 단어를 올바른 순서로 배열하여 문장을 완성하세요.

내 얼굴에 잼이 묻었다.

| on | have | I | jam |

→ ____ my face.

나는 토스트를 물고 있을 때 셀피를 찍는다.

| I | toast | when | bite |

→ I take a selfie ____.

내가 어떻게 (해야) 셀피에 잘 나올 수 있을까?

| I | good | can | look | how |

→ ____ in selfies?

Pictures of Nature

A 주어진 그림과 의미에 알맞은 표현을 빈칸에 채워 퍼즐을 완성하세요.

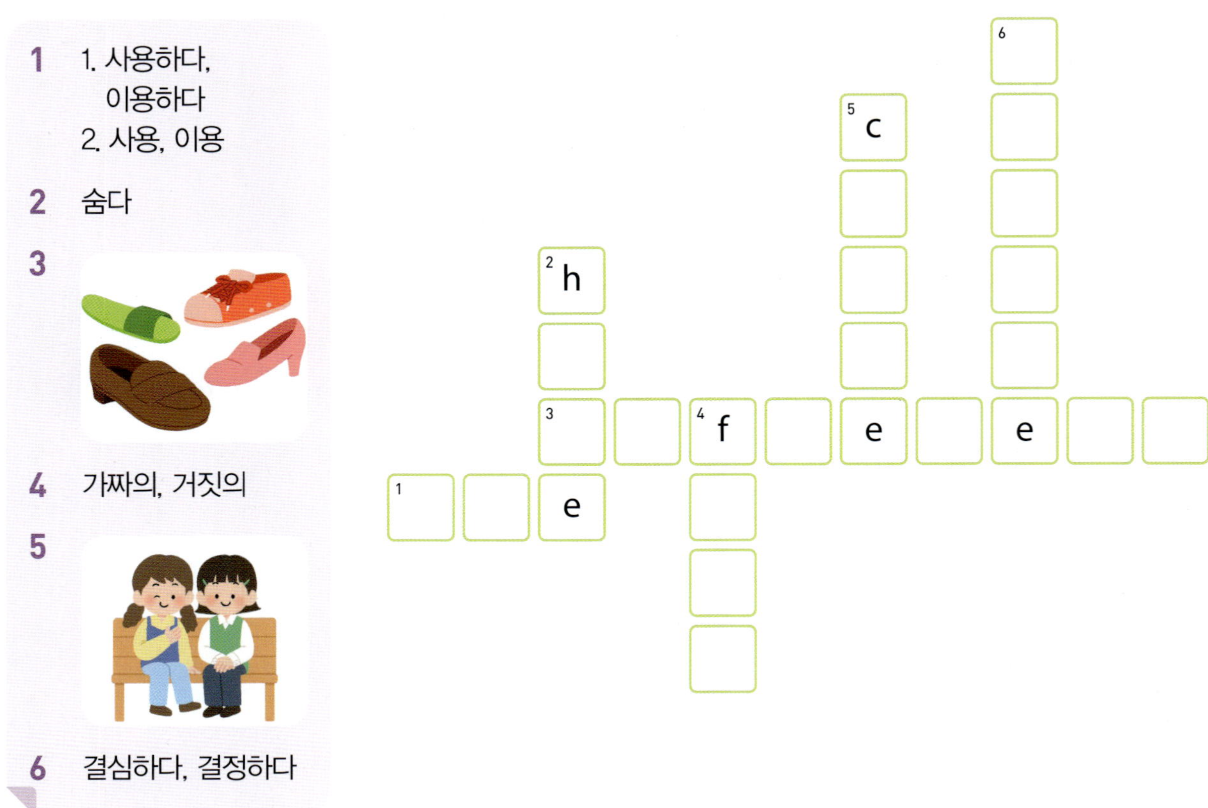

1 1. 사용하다, 이용하다
   2. 사용, 이용

2 숨다

3

4 가짜의, 거짓의

5

6 결심하다, 결정하다

B 주어진 단어의 알맞은 우리말 뜻을 찾아 연결하세요.

1 nature •

2 nest •

3 show •

4 grass •

5 really •

• 풀

• 자연

• 정말로, 진짜로

• 보여주다

• 둥지

C 주어진 문장에서 주어는 밑줄을 치고, 동사에는 ○표 하세요.

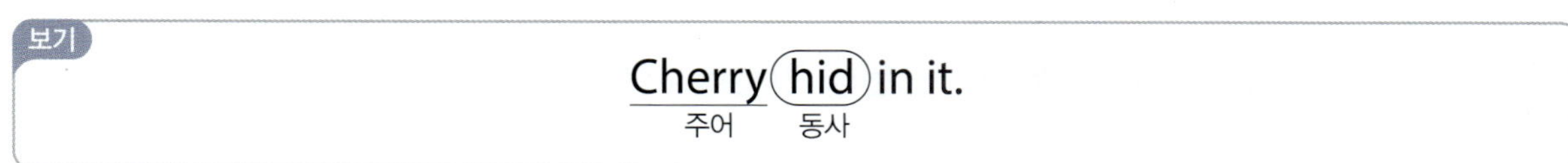

1 Later, they made a fake ox.

2 His brother, Richard, really liked it.

3 In 1895, Richard and Cherry made a nature book, *British Birds' Nests*.

4 When birds got close, he took pictures. (주어 2개, 동사 2개)

D 단어를 올바른 순서로 배열하여 문장을 완성하세요.

1 그래서 형제는 자연 사진을 찍기로 결심했다.

| decided | to take pictures | the brothers |

→ So ________________________________ of nature.

2 처음에, 그들은 건초와 풀을 사용해 숨었다.

| hid | used | they | and | hay and grass |

→ First, ________________________________.

3 그것은 다양한 둥지, 알, 그리고 새들의 많은 사진들을 보여줬다.

| many pictures | different nests, | of | eggs, | and birds |

→ It showed ________________________________.

Social Media

A 주어진 그림과 의미에 알맞은 표현을 빈칸에 채워 퍼즐을 완성하세요.

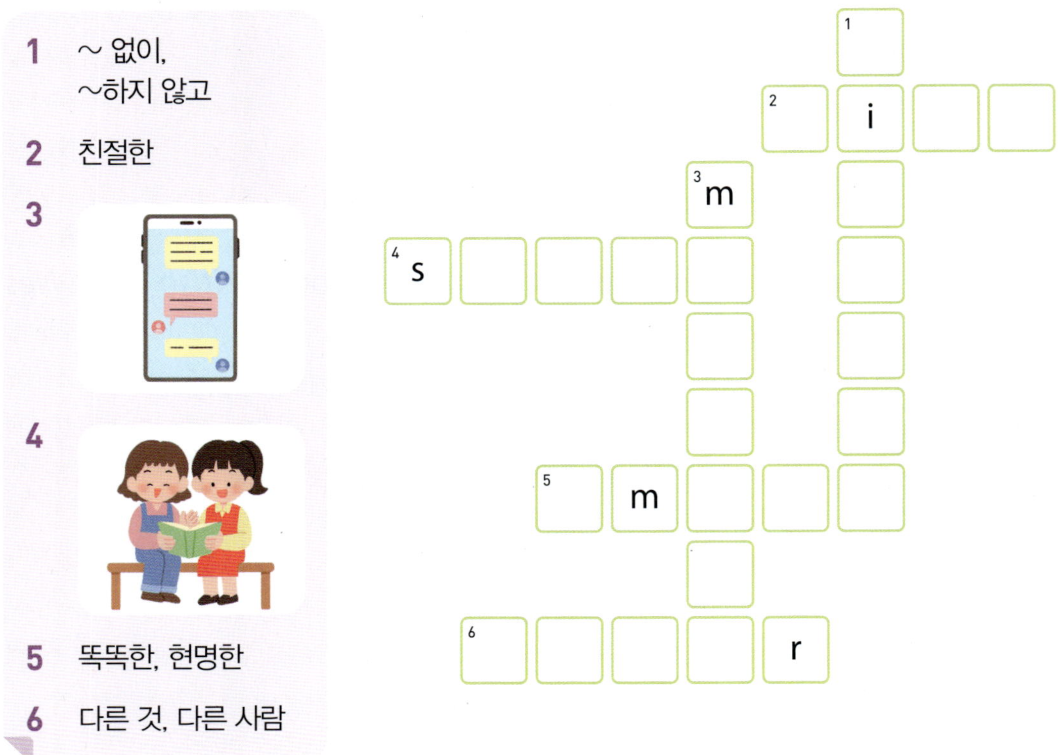

1 ~ 없이, ~하지 않고

2 친절한

3

4

5 똑똑한, 현명한

6 다른 것, 다른 사람

B 주어진 단어의 알맞은 우리말 뜻을 찾아 연결하세요.

1 place •
2 also •
3 spend •
4 safe •
5 internet •

• 또한
• (시간을) 쓰다, 보내다
• 인터넷
• 안전한
• 장소, 곳

C 주어진 문장에서 주어는 밑줄을 치고, 동사에는 ○표 하세요.

1 You can share pictures and messsages with them.

2 Be kind to everyone.

3 Don't spend too much time on it.

4 Social media should be safe and fun for everyone!

D 단어를 올바른 순서로 배열하여 문장을 완성하세요.

1 소셜 미디어는 인터넷에 있는 한 장소이다.

| on the internet | a place | is |

→ Social media ________________________________.

2 여러분은 새로운 것을 배울 수도 있다.

| also learn | you | new things | can |

→ ________________________________.

3 묻지 않고 다른 사람의 사진을 공유하지 마라.

| don't | pictures | share | of others |

→ ________________________________ without asking.

Unit 08

I'm Sorry, Logan

A 주어진 그림과 의미에 알맞은 표현을 빈칸에 채워 퍼즐을 완성하세요.

1 요청하다, 부탁하다

2

3 진짜의, 실제의

4

5 (정보, 사진 등을) 올리다, 게시하다

6 교훈

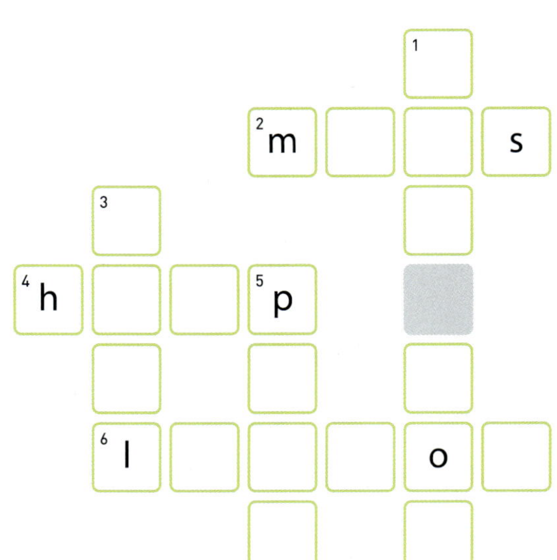

B 주어진 단어의 알맞은 우리말 뜻을 찾아 연결하세요.

1 stop •

2 funny •

3 want •

4 only •

5 nobody •

• 오직, 단지

• 아무도 ~ 않다

• 그만하다, 멈추다

• 웃기는, 재미있는

• 원하다

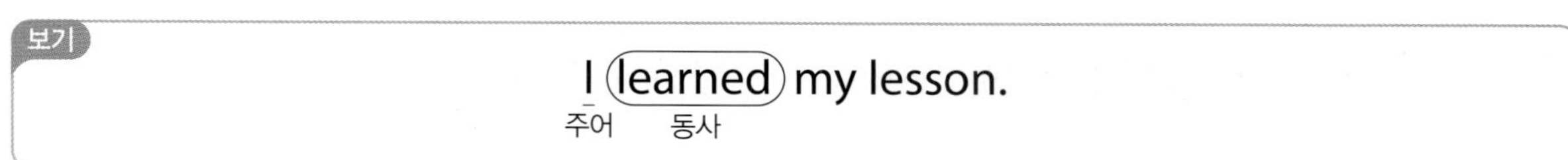

C   주어진 문장에서 주어는 밑줄을 치고, 동사에는 ○표 하세요.

1 We share funny pictures.

2 One day, I posted his funny picture.

3 But Logan was very angry.

4 In real life, my best friend is Logan.

D   단어를 올바른 순서로 배열하여 문장을 완성하세요.

1 나는 소셜 미디어에 친구들이 많다.

| friends | have | I | many |

→ ________________________________ on social media.

2 그리고 Logan은 나한테 말을 걸지 않았다.

| talking | Logan | stopped | to me |

→ Then ________________________________.

3 나는 미안하다고 말하고 싶었다.

| wanted | sorry | I | to say |

→ ________________________________.

A Fun Trip

A 주어진 그림과 의미에 알맞은 표현을 빈칸에 채워 퍼즐을 완성하세요.

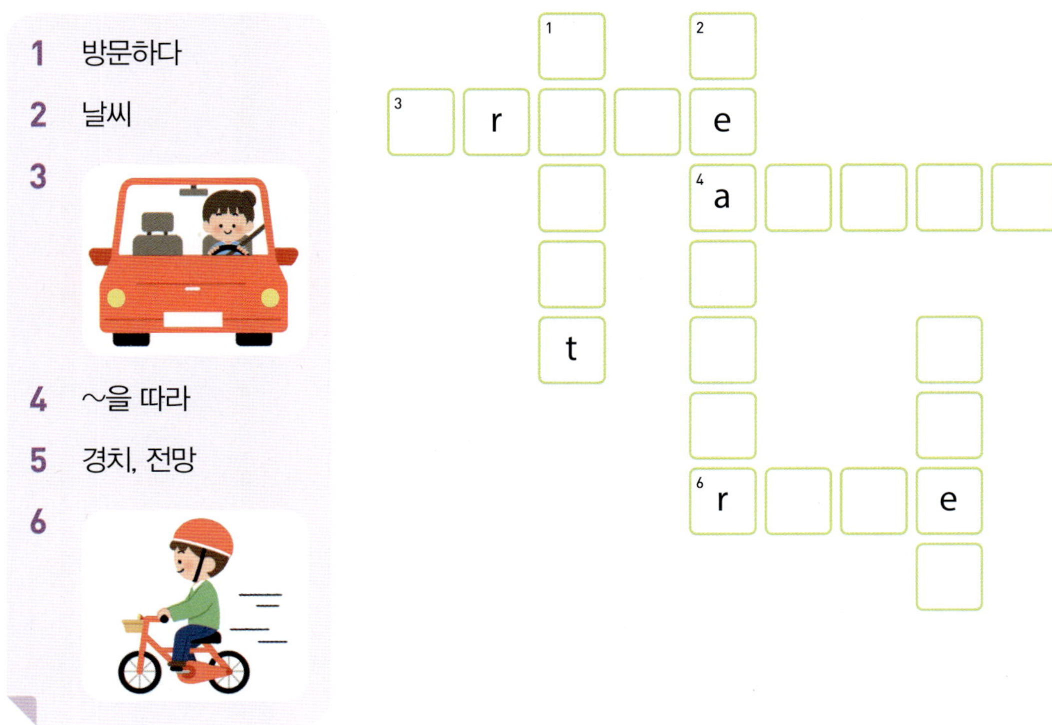

1 방문하다

2 날씨

3 (그림)

4 ~을 따라

5 경치, 전망

6 (그림)

B 주어진 단어의 알맞은 우리말 뜻을 찾아 연결하세요.

1 lake •   • 건조한

2 amazing •   • 곧, 머지않아

3 miss •   • 놀라운

4 soon •   • 호수

5 dry •   • 그리워하다

C 주어진 문장에서 주어는 밑줄을 치고, 동사에는 ○표 하세요.

1 I miss you, Mom.

2 Dad and I visited many places this week.

3 The weather was nice and cool.

4 Tomorrow, we will visit L.A.

D 단어를 올바른 순서로 배열하여 문장을 완성하세요.

1 우리는 호수를 따라 자전거를 탔다.

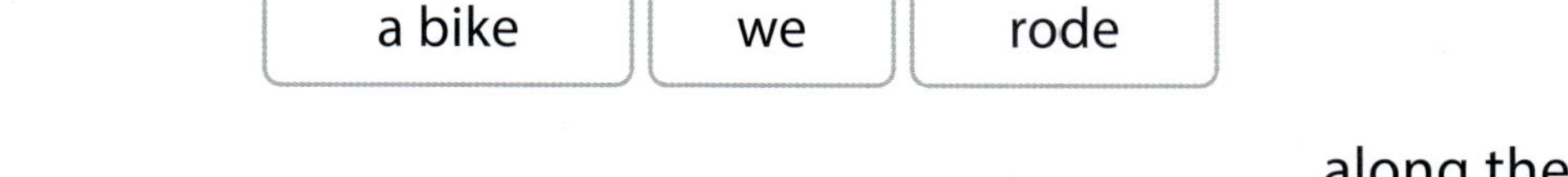

→ ________________________________ along the lake.

2 목요일에, 우리는 Death Valley를 방문했다.

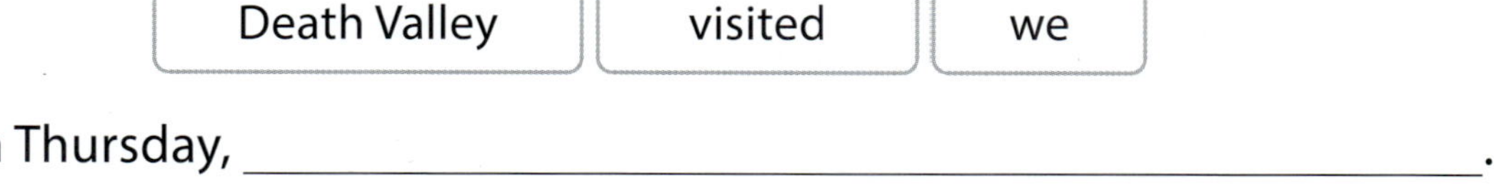

→ On Thursday, ________________________________.

3 매우 덥고 건조했다.

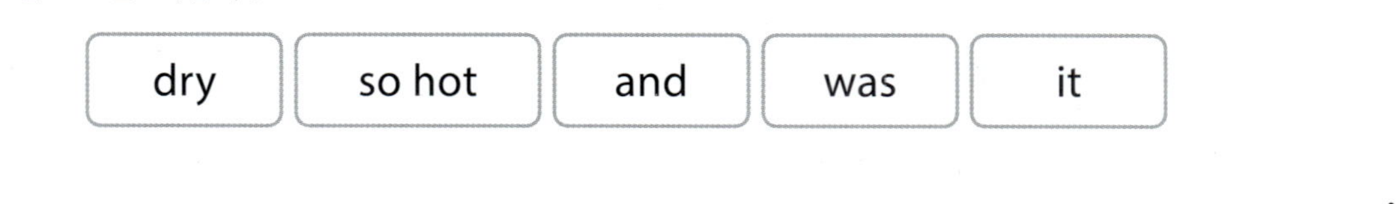

→ ________________________________.

Jim Cantore

A 주어진 그림과 의미에 알맞은 표현을 빈칸에 채워 퍼즐을 완성하세요.

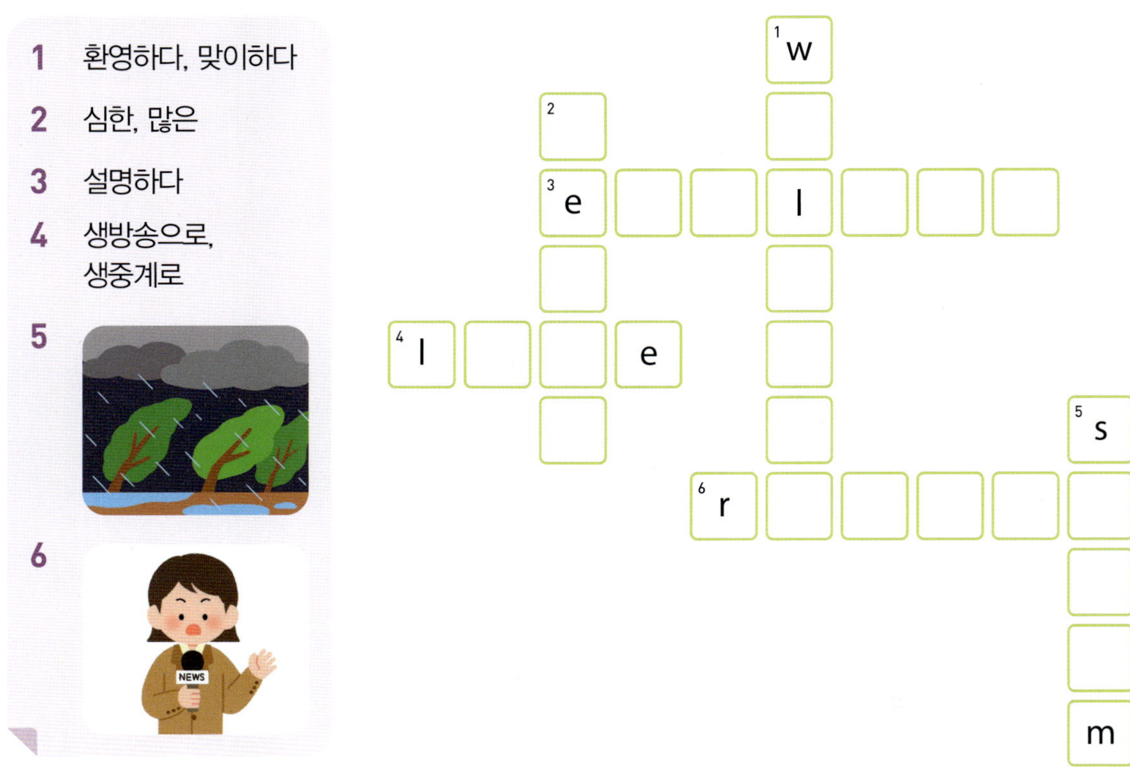

1 환영하다, 맞이하다
2 심한, 많은
3 설명하다
4 생방송으로, 생중계로
5
6

B 주어진 단어의 알맞은 우리말 뜻을 찾아 연결하세요.

1 popular •   • 항상, 언제나

2 town •   • 서다

3 stand •   • 인기 있는

4 understand •   • (소)도시

5 always •   • 이해하다

C 주어진 문장에서 주어는 밑줄을 치고, 동사에는 ○표 하세요.

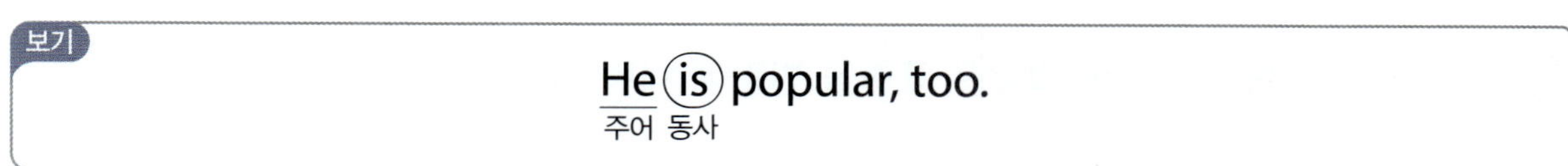

1 Jim Cantore is a weather reporter.

2 He stands in the heavy rain.

3 So, many people can understand.

4 They say, "A storm is coming." (주어 2개, 동사 2개)

D 단어를 올바른 순서로 배열하여 문장을 완성하세요.

1 폭풍우가 불 때, 그는 항상 그곳에 있다.

is	there	a storm	when

→ ________________________________, he is always there.

2 그는 날씨를 생방송으로 보도한다.

reports	live	he	the weather

→ ________________________________.

3 하지만 몇몇 사람들은 그들이 사는 도시에 Cantore를 환영하지 않는다.

some people	Cantore	welcome	but	don't

→ ________________________________ in their town.

Pencil and Eraser

Unit 11

A 주어진 그림과 의미에 알맞은 표현을 빈칸에 채워 퍼즐을 완성하세요.

1 끝내다, 완성하다

2 그만두다

3 동시에

4 

5

6 선, 줄

B 주어진 단어의 알맞은 우리말 뜻을 찾아 연결하세요.

1 idea •

2 artist •

3 upset •

4 drawing •

5 a little •

• 그림

• 조금, 약간

• 생각, 아이디어

• 화가, 예술가

• 속상한,
마음이 상한

C 주어진 문장에서 주어는 밑줄을 치고, 동사에는 ○표 하세요.

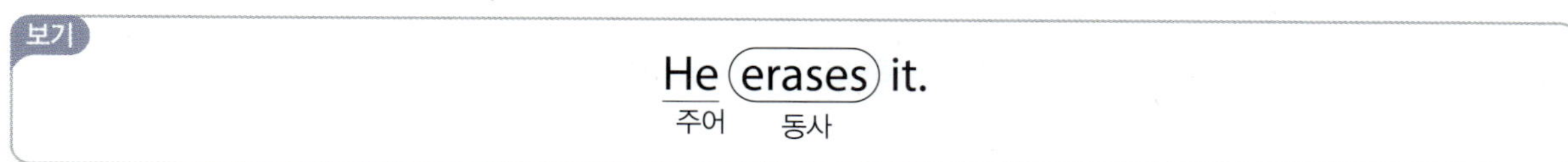

1 I should quit drawing.

2 Pencil gets upset.

3 Pencil and Eraser can't finish any drawings.

4 This way, you can erase and draw at the same time. (주어 1개, 동사 2개)

D 단어를 올바른 순서로 배열하여 문장을 완성하세요.

1 하지만 Eraser는 그것을 좋아하지 않는다.

| like | Eraser | but | doesn't | it |

→ ____.

2 나는 좋은 화가가 아니다.

| a good artist | am | not | I |

→ ____.

3 이제 Pencil과 Eraser는 함께 완벽한 그림을 만든다.

| make | Pencil and Eraser | a perfect drawing |

→ Now ________________________________ together.

Leonardo da Vinci

A 주어진 그림과 의미에 알맞은 표현을 빈칸에 채워 퍼즐을 완성하세요.

1 관심 있는

2 죽다

3 (시간을) 보내다

4

5 천천히 하다, 서두르지 않고 하다

6

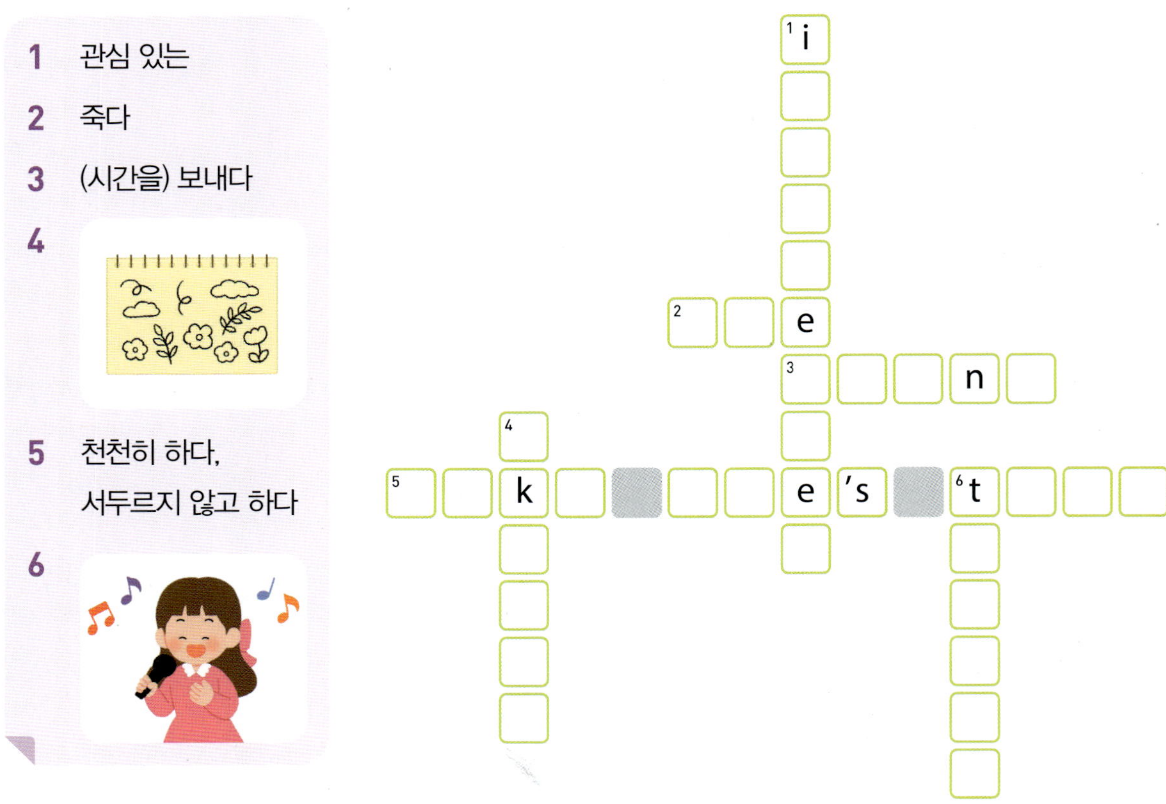

B 주어진 단어의 알맞은 우리말 뜻을 찾아 연결하세요.

1 busy •

2 painting •

3 work •

4 leave behind •

5 for example •

• 그림, 작품

• 예를 들어

• 바쁜

• 남기다

• 1. 일, 작업
   2. 일하다, 작업하다

C 주어진 문장에서 주어는 밑줄을 치고, 동사에는 ○표 하세요.

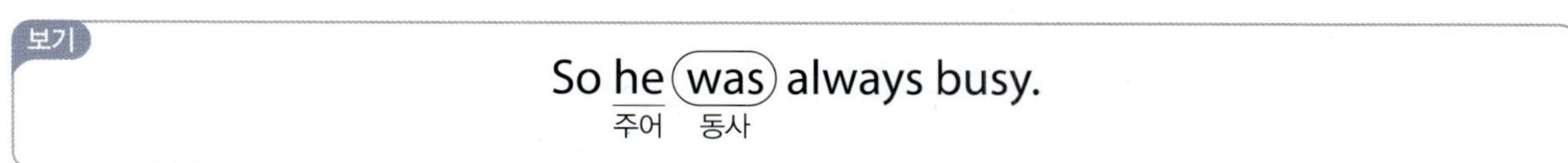

1 Leonardo da Vinci had many talents.

2 On *Mona Lisa*, he spent 14 years!

3 He couldn't finish his work.

4 He also took his time on his paintings.

D 단어를 올바른 순서로 배열하여 문장을 완성하세요.

1 하지만 어떤 면에서, 그는 완벽하지 않았다.

| not | was | perfect | he |

→ But in some ways, ____.

2 그는 많은 것들에 관심이 있었다.

| many things | was | he | interested in |

→ ____.

3 그가 죽었을 때 많은 스케치를 남겼다.

| sketches | he | many | left behind |

→ ________________________________ when he died.

Colors of the Week

A 주어진 그림과 의미에 알맞은 표현을 빈칸에 채워 퍼즐을 완성하세요.

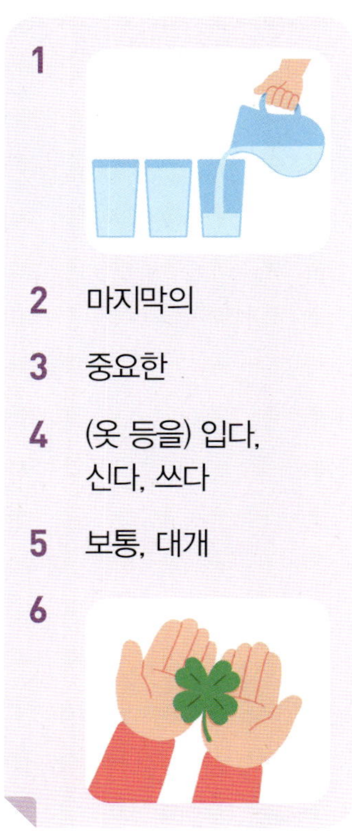

1
2 마지막의
3 중요한
4 (옷 등을) 입다, 신다, 쓰다
5 보통, 대개
6

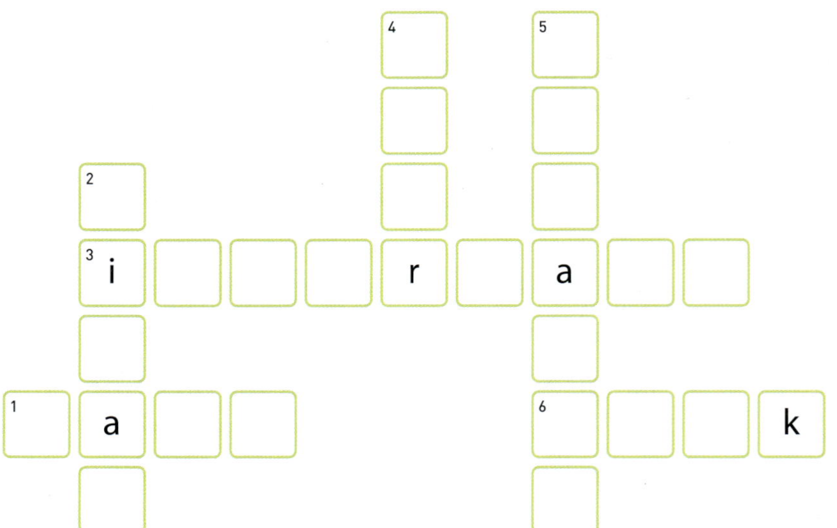

B 주어진 단어의 알맞은 우리말 뜻을 찾아 연결하세요.

1 right   •

2 bring   •

3 do   •

4 something   •

5 every day   •

• 무엇, 어떤 것[일]

• 가져오다, 불러오다

• 알맞은, 맞는

• 매일

• 하다

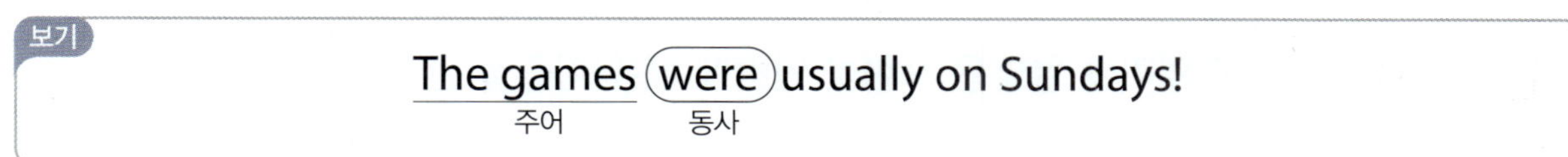

C 주어진 문장에서 주어는 밑줄을 치고, 동사에는 ○표 하세요.

> 보기
>
> The games (were) usually on Sundays!
> 　　　주어　　　동사

1 Colors are important to people in Thailand.

2 He always wore red on final rounds.

3 Wearing the right color brings luck.

4 A famous golfer, Tiger Woods, is half Thai.

D 단어를 올바른 순서로 배열하여 문장을 완성하세요.

1 각 날마다 색이 있다.

| each day | a color | is | there | for |

→ ____ .

2 하지만 태국 사람들은 매일 그렇게 하지 않는다.

| it | don't | but | Thai people | do |

→ ________________________________ every day.

3 그들은 무언가 중요한 일이 있을 때만 그렇게 한다.

| is | important | when | there | something |

→ They do it only ________________________________ .

New Year's Eve

A 주어진 그림과 의미에 알맞은 표현을 빈칸에 채워 퍼즐을 완성하세요.

1 ～까지

2 기념행사, 축하 행사

3 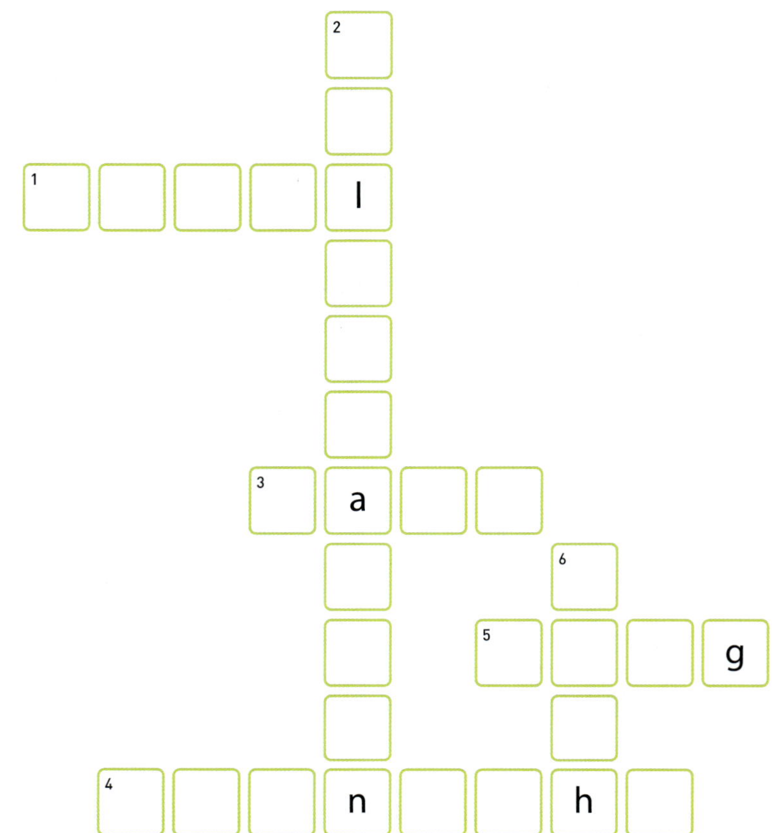

4 밤 12시, 자정

5

6 바라다, 빌다

B 주어진 단어의 알맞은 우리말 뜻을 찾아 연결하세요.

1 eve •

2 mean •

3 month •

4 time •

5 bell •

• 달, 월

• 종

• 의미하다

• (반복되는 일의) 번, 회

• 전날, 전날 밤

C 주어진 문장에서 주어는 밑줄을 치고, 동사에는 ○표 하세요.

> **보기**
>
> But I (can't eat) them now.
> 　　주어　　　동사

1 You will eat a grape, one-by-one, twelve times.

2 The twelve grapes mean good luck for each month.

3 Dad says, "Wait until midnight." (주어 1개, 동사 2개)

4 When it is midnight, the bell rings. (주어 2개, 동사 2개)

D 단어를 올바른 순서로 배열하여 문장을 완성하세요.

1 새해 전날 밤, 아빠는 포도를 씻는다.

| grapes | washes | Dad |

→ On New Year's Eve, _________________________________.

2 우리는 TV로 축하 행사를 본다.

| watch | we | on TV | the celebration |

→ _________________________________.

3 나는 내 가족에게 좋은 일만 가득하길 빈다.

| for my family | I | the best | wish |

→ _________________________________.

A Cold Virus

A 주어진 그림과 의미에 알맞은 표현을 빈칸에 채워 퍼즐을 완성하세요.

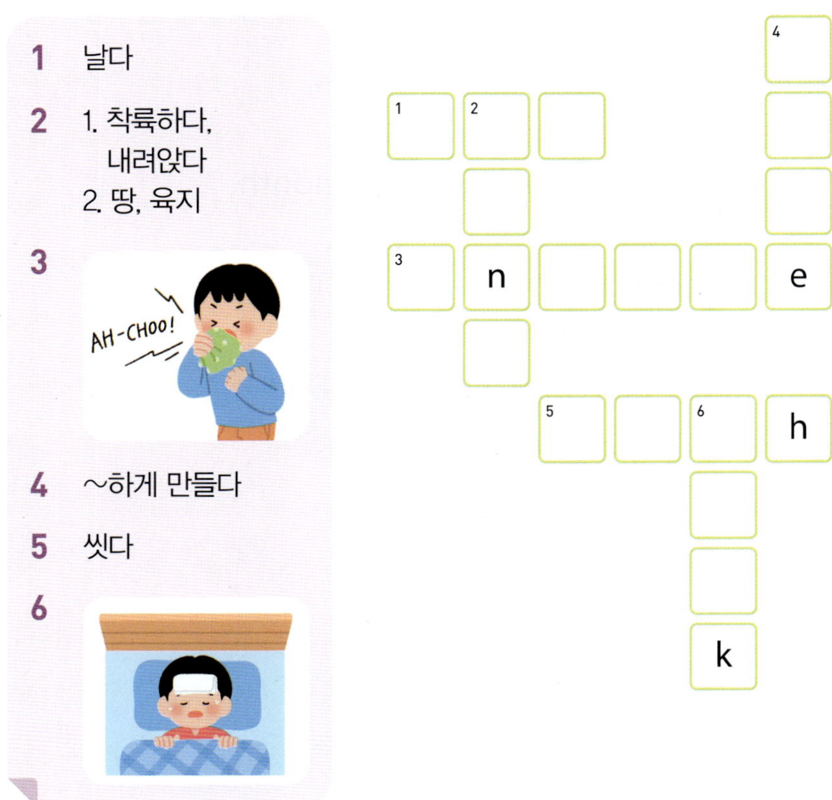

1 날다

2 1. 착륙하다, 내려앉다
2. 땅, 육지

3

4 ~하게 만들다

5 씻다

6

B 주어진 단어의 알맞은 우리말 뜻을 찾아 연결하세요.

1 again   •

2 live   •

3 bathroom   •

4 because of   •

5 stay   •

• ~에 머무르다, 있다

• 화장실

• 살다

• 다시, 한 번 더

• ~ 때문에

C 주어진 문장에서 주어는 밑줄을 치고, 동사에는 ○표 하세요.

1 I land on her hands.

2 Kate is sick because of me.

3 I can't stay on her hands now.

4 But soon, she goes to the bathroom.

D 단어를 올바른 순서로 배열하여 문장을 완성하세요.

1 나는 Kate의 코 안에 산다.

| inside | live | I | Kate's nose |

→ _______________________________________ .

2 그래서 나는 그녀의 코 밖으로 날아간다.

| I | out of | fly | her nose |

→ So _______________________________________ .

3 나는 그녀를 아프게 만들 수도 없다.

| sick | I | her | can't make |

→ _______________________________________ , too.

Washing Your Hands

A 주어진 그림과 의미에 알맞은 표현을 빈칸에 채워 퍼즐을 완성하세요.

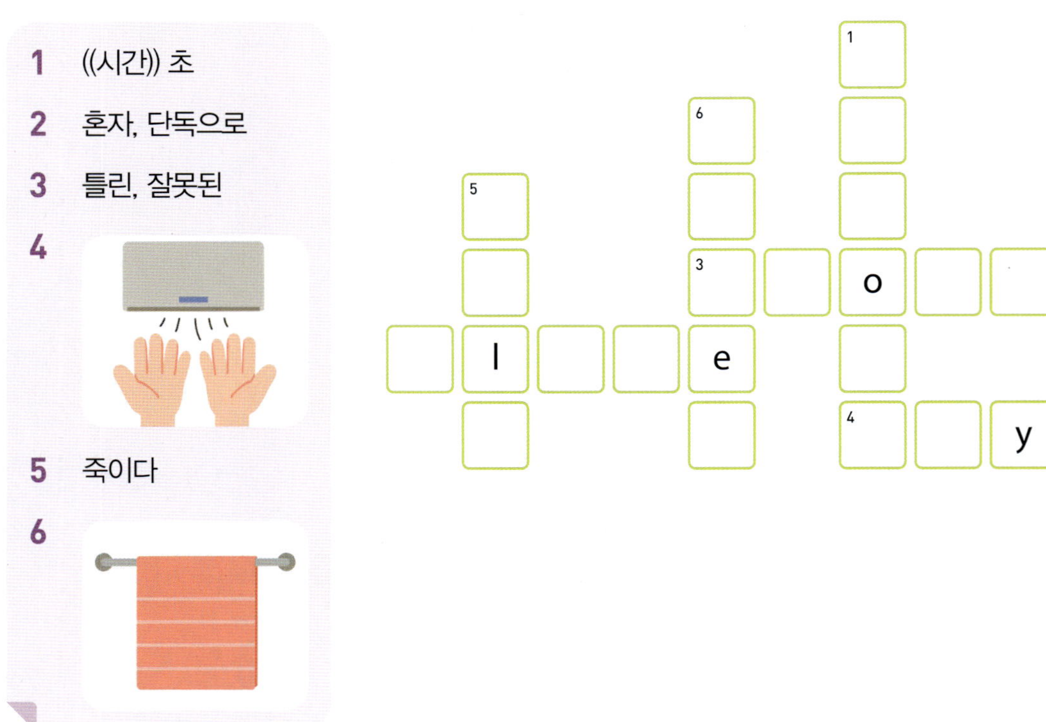

1 ((시간)) 초
2 혼자, 단독으로
3 틀린, 잘못된
4
5 죽이다
6

B 주어진 단어의 알맞은 우리말 뜻을 찾아 연결하세요.

1 must •   • 비누

2 healthy •   • (반드시)
                         ~해야 한다

3 soap •   • 안전한

4 safe •   • 종이

5 paper •   • 건강한

C 주어진 문장에서 주어는 밑줄을 치고, 동사에는 ○표 하세요.

> 보기
> Washing hands (is) important.
> 주어   동사

1 Use only hot water.

2 Hot water doesn't kill bacteria alone.

3 It can keep us healthy.

4 When you use soap, time is not important. (주어 2개, 동사 2개)

D 단어를 올바른 순서로 배열하여 문장을 완성하세요.

1 너는 반드시 비누를 사용해야 한다.

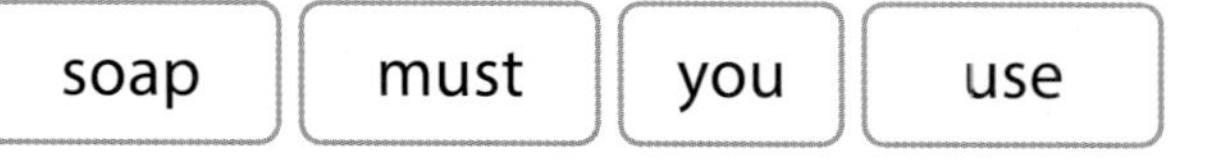

| soap | must | you | use |

→ ____ .

2 손을 종이 수건으로 말려라.

| your hands | dry | with paper towels |

→ ____ .

3 박테리아를 죽이는 데 20초가 걸린다.

| 20 seconds | to kill | takes | it |

→ _________________________________ bacteria.

MEMO

왓츠
리딩

LISTENING Q

중학영어듣기 | 모의고사 시리즈

❶ 최신 기출을 분석한 유형별 공략

· 최근 출제되는 모든 유형별 문제 풀이 방법 제시
· 오답 함정과 정답 근거를 통해 문제 분석
· 꼭 알아두야 할 주요 어휘와 표현 정리

❷ 실전모의고사로 문제 풀이 감각 익히기

실전 모의고사 20회로 듣기 기본기를 다지고,
고난도 모의고사 4회로 최종 실력 점검까지!

❸ 매 회 제공되는 받아쓰기 훈련(딕테이션)

· 문제풀이에 중요한 단서가 되는
  핵심 어휘와 표현을 받아 적으면서 듣기 훈련!
· 듣기 발음 중 헷갈리는 발음에 대한 '리스닝 팁' 제공
· 교육부에서 지정한 '의사소통 기능 표현' 정리

❶ 1배속   1.2배속   1.4배속
  배속 선택 옵션
❷ 전체 문항 듣기
❸ 문항 하나씩 듣기

**무료 제공 MP3와 QR코드로
효율적인 듣기 학습!**

쎄듀

1 | 초등학생도 쉽게 따라 할 수 있는 암기 시스템 제시

2 | 암기한 문장에서 자연스럽게 문법 규칙 발견

3 | 영어 동화책에서 뽑은 빈출 패턴으로 흥미와 관심 유도

4 | 미국 현지 초등학생 원어민 성우가 녹음한 생생한 MP3

5 | 세이펜(음성 재생장치)을 활용해 실시간으로 듣고 따라 말하는 효율적인 학습 가능
Role Play 기능을 통해 원어민 친구와 1:1 대화하기!

* 기존 보유하고 계신 세이펜으로도 핀파일 업데이트 후 사용 가능합니다.

* Role Play 기능은 '레인보우 SBS-1000' 이후 기종에서만 기능이 구현됩니다.

• 연계 & 후속 학습에 좋은 초등코치 천일문 시리즈 •

**초등코치 천일문
GRAMMAR 1, 2, 3**
-

1,001개 예문으로
배우는 초등 영문법

**초등코치 천일문
VOCA & STORY 1, 2**
-

1001개의 초등 필수 어휘와
짧은 스토리

EGU 서술형 기초 세우기

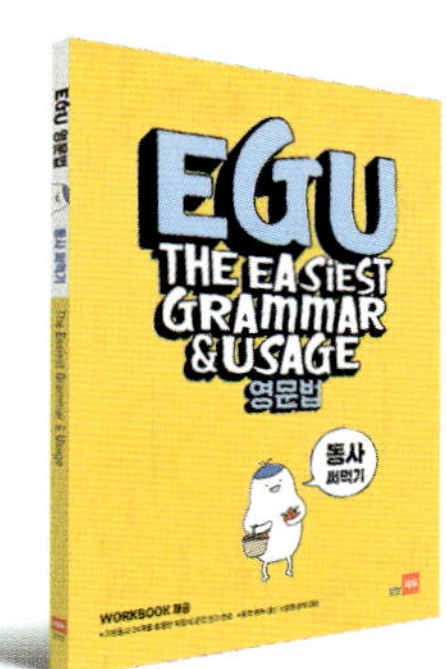

영단어&품사

서술형·문법의 기초가 되는
영단어와 품사 결합 학습

문장 형식

기본 동사 32개를 활용한
문장 형식별 학습

동사 써먹기

기본 동사 24개를 활용한
확장식 문장 쓰기 연습

EGU 서술형·문법 다지기

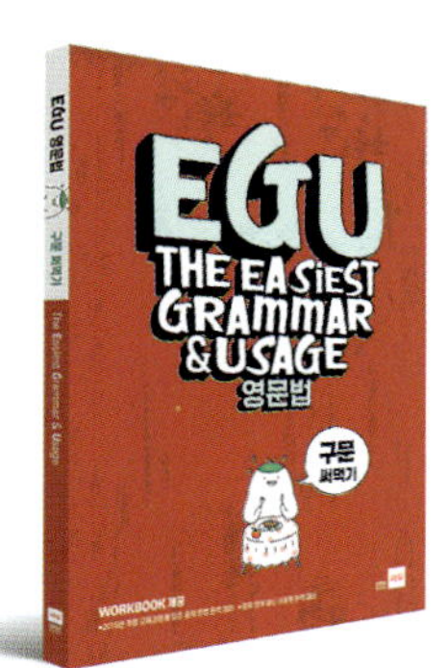

문법 써먹기

개정 교육 과정
중1 서술형·문법 완성

구문 써먹기

개정 교육 과정
중2, 중3 서술형·문법 완성

쎄듀북닷컴(www.cedubook.com)에서 부가 자료를 무료로 다운로드할 수 있습니다.

쎄듀

Words
60
왓츠
리딩
What's Reading
정답과 해설

왓츠 리딩
What's Reading

Words
60

· 정답과 해설 ·

Time for a Break

p.09 **Look UP**	**A** 1 last 2 dark **B** 1 turn off 2 hour 3 nature	
p.11 **Check UP**	1 ② 2 (a) ○ (b) ✕ (c) ○ 3 ③ 4 ⓐ Join ⓑ dark	
p.12 **Build UP**	ⓐ Last ⓑ Turn off ⓒ nature ⓓ Read	
p.12 **Sum UP**	ⓐ break ⓑ join ⓒ lights ⓓ save	

Check UP

1 글의 시작부터 Earth Hour에 함께하자고(Join us for Earth Hour.) 제안하면서 Earth Hour 동안 할 수 있는 일에 대해 설명하는 글이다. 따라서 정답은 ②이다.

2 (a) Earth Hour는 3월 마지막 토요일, 오후 8시 30분에 한다고(It's at 8:30 p.m. on the last Saturday of March.) 했으므로 글의 내용과 맞다.

(b) Earth Hour의 정해진 날짜와 시간에 맞춰 한 시간 동안 불을 끄자고(Let's turn off lights for an hour.) 했으므로 글의 내용과 틀리다.

(c) 불을 끌 수 없다면 자연에 대한 책을 읽어도 된다고(You can read a book about nature.) 했으므로 글의 내용과 맞다.

3 Earth Hour 동안 할 수 있는 일 중에서 불을 끄기, 밖에서 자연을 즐기기, 자연에 대한 책 읽기에 대한 내용은 있지만, 과일을 구매한다는 내용은 없다. 따라서 정답은 ③이다.

Build UP

Earth Hour

일시: 3월 ⓐ (첫 번째 / 마지막) 토요일, 오후 8시 30분

장소: 집 안과 밖에서

활동:

- 불을 한 시간 동안 ⓑ (켜세요 / 끄세요).
- 밖에서 ⓒ (자연 / 어둠)을 즐기세요.
- 자연에 대한 책을 ⓓ (구하세요 / 읽으세요).

함께해서 지구를 도와주세요!

보기
구하다 휴식 (전깃)불 참여하다

지구는 **a** 휴식이 필요하다. 여러분은 Earth Hour에 **b** 참여할 수 있다. 그것은 3월 마지막 토요일에 한다. **c** 불을 끄고, 어둠 속에서 영웅이 되어라. 여러분은 Earth Hour를 위해 다른 것도 할 수 있다. 지구를 **d** 구하자.

● 지문 살펴보기

Time for a Break
휴식을 위한 시간

1 Earth needs a break.
지구는 휴식이 필요하다.

2 Join us / for Earth Hour.
우리와 함께하자 / Earth Hour를 위해.

3 It's at 8:30 p.m. / on the last Saturday / of March.
그것은 오후 8시 30분에 한다 / 마지막 토요일에 / 3월의.

4 Let's turn off lights / for an hour.
불을 끄자 / 한 시간 동안.

5 Together, / we can be heroes / in the dark.
함께, / 우리는 영웅이 될 수 있다 / 어둠 속에서.

6 Oh, you can't turn off the lights?
아, 너는 불을 끌 수 없는가?

7 You can still save the Earth.
너는 여전히 지구를 구할 수 있다.

8 You can do something else / for Earth Hour.
너는 또 다른 것을 할 수 있다 / Earth Hour를 위해.

9 You can enjoy the nature / outside.
너는 자연을 즐길 수 있다 / 밖에서.

10 You can read a book / about nature.
너는 책을 읽을 수 있다 / 자연에 대한.

주요 어휘

break	휴식
Earth	지구
need	필요하다
join	참여하다, 함께하다
hour	시간
last	마지막의
turn off	(전기 등을) 끄다
light	(전깃)불
together	함께
hero	영웅
dark	어두운
the dark	어둠
save	1. 구하다
	2. 절약하다
	3. 저축하다
else	그 밖의, 다른
enjoy	즐기다
nature	자연
outside	밖에서

우리말 해석

휴식을 위한 시간

지구는 휴식이 필요해요. Earth Hour에 저희와 함께하세요! 그것은 3월 마지막 토요일 오후 8시 30분에 해요. 불을 한 시간 동안 꺼보세요. 함께, 우리는 어둠 속에서 영웅이 될 수 있어요.

아, 혹시 불을 끌 수 없나요? 여러분은 그래도 지구를 구할 수 있어요. Earth Hour를 위해 다른 것을 할 수 있거든요. 밖에서 자연을 즐겨도 되고요. 자연에 대한 책을 읽어도 돼요.

② **Join** us for Earth Hour.
  동사 목적어

  → 주어 없이 동사원형으로 시작되는 명령문이다.

③ It's at 8:30 p.m. on *the last Saturday* [of March].

  → at은 시각을 나타내는 말 앞에 쓰이며, on은 날짜, 요일 등을 나타낼 때 사용한다.

  → of March는 the last Saturday를 뒤에서 꾸며 준다.

④ **Let's** turn off lights *for* an hour.

  → 〈Let's+동사원형〉은 '~하자'라는 의미로 상대방에게 제안할 때 사용한다.

  → for는 '~ 동안'이라는 의미로 시간을 나타내는 말 앞에 온다.

⑤ Together, we **can be** heroes in the dark.
        주어   동사   보어

  → can은 '~할 수 있다'라는 의미로 뒤에 동사원형이 온다. 여기서는 be동사의 원형인 be가 사용되었다.

02 Save the Date for Trees

pp.13 – 16

p.13 Look UP	**A** 1 plant 2 wood **B** 1 cover 2 public 3 plan		
p.15 Check UP	1 ② 2 (a)× (b)○ (c)○ 3 ① 4 ⓐ farms ⓑ made		
p.16 Build UP	1 (C) 2 (A) 3 (B)		
p.16 Sum UP	ⓐ cover ⓑ plant ⓒ public ⓓ plans		

Check UP

1 케냐에서 나무 심는 날이 생기게 된 이유와 새로운 기념일에 하는 일에 대해 설명하는 글이므로 정답은 ②이다.

2 (a) 사람들은 나무를 자른 땅에 농장을 짓는다고(They also use the land for farms.) 했으므로 글의 내용과 틀리다.

  (b) 이제 나무는 케냐의 약 10퍼센트만 덮는다고(Trees now only cover about 10 percent of Kenya.) 했으므로 글의 내용과 맞다.

  (c) 케냐는 나무 심는 날에 사람들에게 나무를 무료로 나누어준다고(On this day, Kenya gives free trees to people.) 했으므로 글의 내용과 맞다.

3 케냐의 새로운 기념일에 하는 일(나무 심기)과 목표(2032년까지 나무 150억 그루 심기)에 대한 내용은 있지만, 기념일의 날짜에 대한 내용은 글에 없다.

1 케냐의 사람들은 왜 나무를 자르나요? →	(C) 그들은 장작과 농장을 얻기 위해 나무를 잘라요.
2 케냐는 왜 나무 심는 날을 만들었나요? →	(A) 나무는 이제 케냐의 약 10퍼센트만 덮어요.
3 사람들은 나무 심는 날에 무엇을 하나요? →	(B) 그들은 공공장소에 나무를 심어요.

Sum UP

보기

계획하다	공공의	덮다	심다

나무는 이제 케냐의 약 10퍼센트만 **a** 덮는다. 그래서, 그 나라는 나무 심는 날을 만들었다. 이날, 사람들은 **c** 공공장소와 개인 땅에 나무를 **b** 심는다. 2032년까지 케냐는 나무 150억 그루 심기를 **d** 계획한다.

● **지문 살펴보기**

Save the Date for Trees
나무를 위해 그날 시간을 비워두세요

1 People in Kenya / cut down trees / for the wood.
케냐의 사람들은 / 나무를 자른다 / 장작을 위해.

2 They also use the land / for farms.
그들은 또한 그 땅을 사용한다 / 농장을 위해.

3 Trees now only cover / about 10 percent / of Kenya.
나무는 이제 오직 덮는다 / 약 10퍼센트를 / 케냐의.

4 So the country made / Tree Planting Day.
그래서 그 나라는 만들었다 / 나무 심는 날을.

5 On this day, / Kenya gives free trees / to people.
이날, / 케냐는 무료 나무들을 준다 / 사람들에게.

6 Then they plant the trees / on public land.
그러면 그들은 나무를 심는다 / 공공장소에.

주요 어휘

save the date	그날 시간을 비우다
date	날짜
cut down	자르다, 베다
wood	나무, 장작
land	땅, 토지
farm	농장
cover	덮다, 뒤덮다
about	대략, 약 ~
percent	퍼센트 ((%))
country	나라, 국가
make(- made)	만들다
plant	1. 심다 2. 식물
free	무료의, 공짜의
public	공공의, 공중의
public land	공공장소, 공유지
plan	계획하다, 계획을 세우다
billion	10억

⑦ Some people buy / and plant trees /
　　몇몇 사람들은 산다　/ 그리고 나무를 심는다 /
on their own land, / too.
　　그들의 땅에,　　　/ ～도.

⑧ Kenya plans / to plant 15 billion trees / by 2032.
　케냐는 계획한다 /　나무 150억 그루 심기를　/ 2032년까지.

주요 문장 확인하기

⑤ On this day, Kenya **gives** <u>free trees</u> **to** <u>people</u>.
　　　　　　　　　　　　　　　A　　　　　　　B

→ ⟨give[gives] A to B⟩는 'B에게 A를 주다'라는 의미이다.

⑦ <u>Some people</u> <u>buy</u> **and** <u>plant</u> <u>trees</u> on their own land, too.
　　　주어　　　　동사1　　　동사2　목적어

→ 동사 buy와 plant는 and로 연결되어 있다.

⑧ <u>Kenya</u> <u>plans</u> **to plant** 15 billion <u>trees</u> *by* <u>2032</u>.
　　주어　　동사　　　　　　　　　목적어

→ ⟨plan[plans] to+동사원형⟩은 '～하기를 계획하다'라는 의미이다.

→ to plant는 '심는 것'으로 해석한다.

→ by는 '～까지'라는 의미로 시간을 나타내는 말 앞에 온다.

Wrap UP | Unit 01-02　　　　　　　　　　pp.17 – 18

A	1 dark - 어두운	2 plant - 심다, 식물	3 wood - 나무, 장작	
B	1 farms	2 nature	3 last	4 public
C	1 save	2 land	3 public	4 hour
D	1 made	2 gives	3 needs	4 turn off

p.19 **Look UP**	**A** 1 climb up 2 look at **B** 1 mountain 2 worried 3 thin	
p.21 **Check UP**	1 ② 2 ③ 3 ② 4 a climbs up b leaves	
p.22 **Build UP**	1 (C) 2 (A) 3 (B)	
p.22 **Sum UP**	a looks b leaves c becomes d understands	

Check UP

1 Bunny는 작아지는 달을 도와주고 싶었지만, 결국엔 달은 아무 도움도 필요하지 않다는 것을 알게 된다는 내용이므로 정답은 ②이다.

2 Bunny는 달을 걱정하고(Bunny becomes worried.), 매일 산에 오른다고(She climbs up the mountain ~ does it every day.) 했다. Bunny는 산에 음식을 두고 간다고 했지만, 먹는다는 내용은 글에 없다.

3 밑줄 친 문장 ⓐ는 '그러고 나서 그녀는 이해한다.'라는 의미이며, 이어 달은 매일 변하고, 아무 음식도 필요하지 않다는 내용으로 보아, 정답은 ②이다.

Build UP

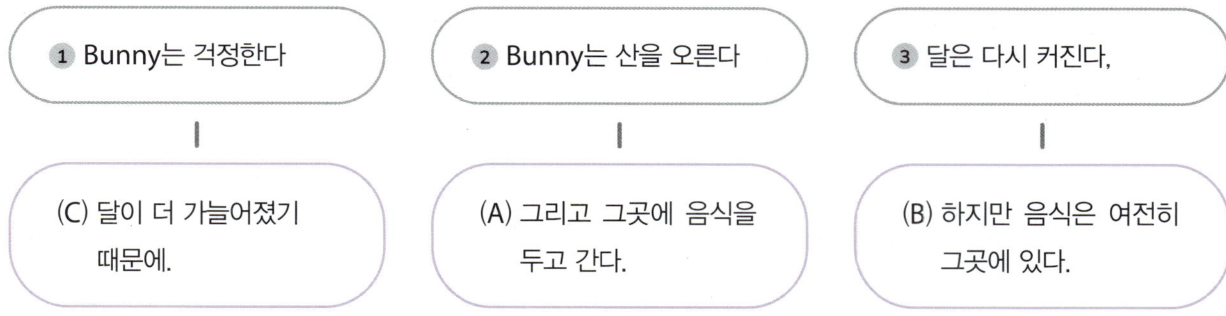

Sum UP

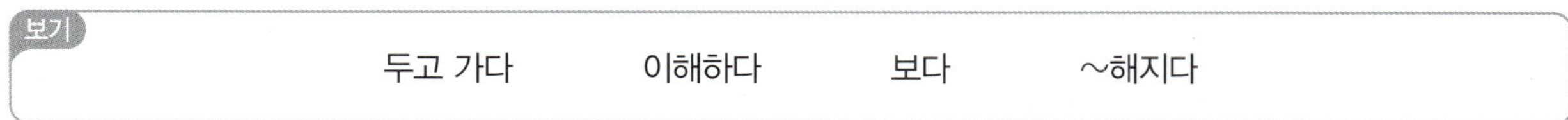

Bunny는 달을 ⓐ 본다. 달은 더 작다. 그다음 날, 그녀는 달을 위해 음식을 ⓑ 두고 간다. 어느 날, 달은 다시 ⓒ 커진다. 하지만 그녀의 음식은 여전히 그곳에 있다. 그러고 나서 Bunny는 ⓓ 이해한다. 달은 매일 변하고 어떤 음식도 필요하지 않다.

Bunny and the Moon
Bunny와 달

① Bunny looks at the Moon.
　　　Bunny는 달을 본다.

② The Moon is smaller / than yesterday.
　　　달은 더 작다　　　/　　어제보다.

③ Soon, / it becomes thinner, / too.
　　곧,　/　그것은 더 가늘어진다,　/ ～도.

④ Bunny becomes worried.
　　　Bunny는 걱정한다.

⑤ The next day, / she climbs up the mountain.
　　그다음 날,　　/　　　그녀는 산을 오른다.

⑥ She leaves food / there.
　　그녀는 음식을 두고 간다 / 그곳에.

⑦ She does it / every day.
　　그녀는 그것을 한다 / 매일.

⑧ One day, / the Moon becomes big / again.
　　어느 날,　/　　달은 커진다　　/　다시.

⑨ Bunny climbs up the mountain.
　　　Bunny는 산을 오른다.

⑩ But the food is still there.
　　하지만 음식은 여전히 그곳에 있다.

⑪ Then she understands.
　　그러고 나서 그녀는 이해한다.

⑫ The Moon changes / every day.
　　　달은 변한다　　　/　매일.

⑬ It doesn't need any food!
　　그것은 어떠한 음식도 필요하지 않다!

주요 어휘

Moon	달
look at	～을 보다
smaller	더 작은
yesterday	어제
become	～해지다, ～이 되다
thin	얇은, 가는
thinner	더 얇은, 더 가는
worried	걱정하는
climb up	오르다
mountain	산
leave	1. 두고 가다 2. 떠나다
there	그곳에, 거기에
do	～을 하다
every day	매일
again	다시
still	여전히, 아직도
understand	이해하다
change	변하다, 바꾸다
need	필요하다

우리말 해석

Bunny와 달
Bunny는 달을 보아요. 달은 어제보다 더 작아요. 곧, 그것은 더 가늘어지기도 해요. Bunny는 걱정해요.

그다음 날, 그녀는 산을 올라요. 그곳에 음식을 두고 가요. 그녀는 매일 그것을 해요.

어느 날, 달은 다시 커져요. Bunny는 산을 올라요. 하지만 음식은 여전히 그곳에 있네요. 그러고 나서 그녀는 이해해요. 달은 매일 변해요. 그것은 어떤 음식도 필요하지 않아요!

② The Moon is **smaller** *than* yesterday.

→ smaller는 small의 비교급이며 '더 작은'이라는 의미이다.

→ than 뒤에는 비교하는 대상이 와서 '~보다'의 의미를 나타낸다.

③ Soon, it **becomes** *thinner*, too.
　　　　주어　　동사　　　보어

→ 〈become[becomes]+비교급〉은 '더 ~해지다'라는 의미이다.

→ thinner는 thin의 비교급으로 '더 얇은, 더 가는'이라는 의미이며, 주어 it을 보충 설명한다.

⑫ The Moon changes **every day**.

→ 〈every+단수명사〉는 '매 ~, ~마다'라는 의미로 every day는 '매일'이라 해석한다.

04 Moon Walkers

pp.23 – 26

p.23 Look UP	**A** 1 walk　2 footprint			
	B 1 arrive　2 minute　3 say			
p.25 Check UP	1 Second	2 (a)✕ (b)✕	3 ③	4 ⓐ walked ⓑ arrived
p.26 Build UP	ⓐ second	ⓑ walker	ⓒ together	ⓓ footprints
p.26 Sum UP	ⓐ know	ⓑ walked	ⓒ arrived	ⓓ history

Check UP

1 Neil Armstrong 다음으로 달에서 두 번째로 걸은 Buzz Aldrin에 대한 글이므로 '두 번째'라는 의미의 Second가 빈칸에 알맞다.

> 달에서의 두 번째 사람

2 (a) Buzz Aldrin은 Neil Armstrong이 달에서 걸은 지 19분 후에 걸었다고(He walked on the Moon 19 minutes after Armstrong.) 했으므로 글의 내용과 틀리다.

(b) Buzz Aldrin은 달에서 21시간 동안 머물렀다고(He stayed there for 21 hours.) 했으므로 글의 내용과 틀리다.

3 Buzz Aldrin은 달에서 걷고, 사진을 찍으며, 발자국을 남겼다고(He walked on the Moon ~ took pictures and left footprints.) 했지만, 발자국을 따라갔다는 내용은 글에 없다.

Build UP

함께　　　　두 번째의　　　　발자국들　　　　걷는 사람

인터뷰 진행자: 안녕하세요, Aldrin 씨. 자기소개 부탁드립니다.

Aldrin: 안녕하세요. 제 이름은 Buzz Aldrin입니다. 저는 **a** 두 번째로 달에서 걸은 사람입니다.

인터뷰 진행자: 그렇다면 첫 번째로 달에서 **b** 걸은 사람은 누구인가요?

Aldrin: 그건 Neil Armstrong입니다. 저는 그 사람 다음으로 19분 뒤에 걸었어요.

인터뷰 진행자: 그렇군요. 두 분은 **c** 함께 달에서 무엇을 했나요?

Aldrin: 우리는 사진을 찍고 **d** 발자국들을 남겼어요.

Sum UP

도착했다　　　　역사　　　　걸었다　　　　알다

몇몇 사람들은 Buzz Aldrin에 대해 **a** 알지 못한다. 그는 Neil Armstrong과 함께 달에서 **b** 걸었다. 그가 **c** 도착했을 때, 그는 "아름답다, 아름다워."라고 말했다. 함께, Neil Armstrong과 Buzz Aldrin은 **d** 역사를 만들었다.

● 지문 살펴보기

Moon Walkers
달에서 걷는 사람들

① Many people know / Neil Armstrong.
　많은 사람들은 안다　　/ Neil Armstrong을.

② He was the first moon walker.
　그는 처음으로 달에서 걸은 사람이었다.

③ But some people don't know / Buzz Aldrin.
　하지만 몇몇 사람들은 알지 못한다　/ Buzz Aldrin을.

주요 어휘

walk(- walked)	걷다
walker	걷는 사람
know	알다
first	첫 번째의

④ He was the second moon walker.
그는 두 번째로 달에서 걸은 사람이었다.

⑤ He walked / on the Moon /
그는 걸었다 / 달 위를 /

19 minutes after Armstrong.
Armstrong 다음 19분 뒤에.

⑥ When he arrived, // he said, / "Beautiful, beautiful."
그가 도착했을 때, // 그는 말했다, / "아름답다, 아름다워."

⑦ He stayed there / for 21 hours.
그는 그곳에 머물렀다 / 21시간 동안.

⑧ He took pictures / and left footprints.
그는 사진을 찍었다 / 그리고 발자국들을 남겼다.

⑨ Together, / Neil Armstrong and Buzz Aldrin
함께, / Neil Armstrong과 Buzz Aldrin은

made history.
역사를 만들었다.

second	두 번째의
minute	((시간)) 분
after	~ 후에, 다음에
arrive(- arrived)	도착하다
say(- said)	말하다
stay(- stayed)	머무르다
take a picture (- took a picture)	사진을 찍다
leave(- left)	두고 가다, 남기다
footprint	발자국
make history (- made history)	역사를 만들다

우리말 해석

달에서 걷는 사람들
많은 사람들은 Neil Armstrong을 알지요. 그는 처음으로 달에서 걸은 사람이었어요. 하지만 몇몇 사람들은 Buzz Aldrin을 몰라요. 그는 두 번째로 달에서 걸은 사람이었어요. 그는 Armstrong 다음 19분 뒤에 달에서 걸었어요. 그가 도착했을 때, 그는 "아름답다, 아름다워."라고 말했어요. 그는 그곳에 21시간 동안 머물렀어요. 그는 사진을 찍고 발자국을 남겼어요. 함께, Neil Armstrong과 Buzz Aldrin은 역사를 만들었답니다.

● **주요 문장 확인하기**

⑥ **When** he arrived, he said, "Beautiful, beautiful."
　　주어' 동사' 주어 동사
→ When은 '~할 때'라는 의미로 문장과 문장을 연결하는 시간을 나타내는 접속사이다.

⑧ He took pictures **and** left footprints.
주어 동사1 목적어1 동사2 목적어2
→ and는 동사 took과 left를 연결한다.

Wrap Up | Unit 03-04　　　　pp.27 - 28

A	1 climb up - 오르다	2 footprint - 발자국	3 walk - 걷다	
B	1 worried	2 hours	3 arrived	4 leaves
C	1 Look at	2 thin	3 footprint	4 take
D	1 doesn't	2 know	3 climbs	4 walked

05 My Selfies

p.29 **Look UP**	**A** 1 smile 2 wink **B** 1 the best 2 bite 3 silly
p.31 **Check UP**	1 ③ 2 (a)× (b)× 3 ③ 4 ⓐ Everyone ⓑ best
p.32 **Build UP**	1 (D) 2 (C) 3 (A) 4 (B)
p.32 **Sum UP**	ⓐ wink ⓑ silly ⓒ smiles ⓓ best

Check UP

1 셀피에 잘 나오고 싶어 하는 글쓴이의 이야기로, 결국에는 혼자보다 여러 친구와 함께 찍은 셀피가 가장 잘 나온다는 내용이다. 따라서 정답은 ③이다.

2 (a) 잠에서 일어나 찍은 셀피 속 '나'의 머리는 별로라고(My hair looks bad.) 했으므로 글의 내용과 틀리다.

(b) '나'는 토스트를 물고 있을 때 셀피를 찍는다고(I take a selfie when I bite toast.) 했으므로 글의 내용과 틀리다.

3 밑줄 친 ⓐ는 친구들과 함께 있을 때 찍은 셀피를 가리킨다. 따라서 정답은 ③이다.

Build UP

① 내가 잠에서 일어날 때,	— (D) 내 머리는 별로인 것 같다.
② 내가 토스트를 물고 있을 때,	— (C) 내 얼굴에 잼이 묻어 있다.
③ 내가 윙크할 때,	— (A) 나는 바보 같아 보인다.
④ 내가 친구들과 있을 때,	— (B) 나는 웃고 행복해 보인다.

Sum UP

보기			
최고의	윙크하다	바보 같은	웃다

나는 잠에서 일어날 때, 먹을 때, 그리고 ⓐ 윙크할 때 셀피를 찍는다. 하지만 나는 ⓑ 바보 같아 보인다. 나는 셀피에 잘 나오고 싶다. 그래서 내 친구들과 있을 때, 나는 셀피를 찍는다. 모두가 ⓒ 웃고 행복해 보인다. 이것은 ⓓ 최고의 셀피이다!

My Selfies
나의 셀피

1 I take a selfie // when I wake up.
나는 셀피를 찍는다 // 내가 잠에서 일어날 때.

2 My hair looks bad.
내 머리는 좋지 않아 보인다.

3 I take a selfie // when I bite toast.
나는 셀피를 찍는다 // 내가 토스트를 물 때.

4 I have jam / on my face.
나는 잼이 있다 /　내 얼굴에.

5 I take a selfie // when I wink.
나는 셀피를 찍는다 // 내가 윙크할 때.

6 I look silly.
나는 바보 같아 보인다.

7 How can I look good / in selfies?
내가 어떻게 좋아 보일 수 있을까 / 셀피에서?

8 Oh, I have an idea!
아, 나는 생각이 있다!

9 I take a selfie // when I'm with my friends.
나는 셀피를 찍는다 //　　내가 내 친구들과 있을 때.

10 Everyone smiles / and looks happy.
모두가 웃는다 　/ 그리고 행복해 보인다.

11 This is the best selfie.
이것은 최고의 셀피이다.

주요 어휘

selfie	셀피, 셀카
take a selfie	셀피[셀카]를 찍다
wake up	(잠에서) 일어나다, 깨어나다
look	～해 보이다
bad	좋지 않은, 별로인
bite	물다, 깨물다
face	얼굴
wink	윙크하다
silly	바보 같은, 우스운
idea	생각, 아이디어
with	～와 같이, 함께
everyone	모든 사람, 모두
smile	웃다, 미소 짓다
happy	행복한
the best	가장 좋은, 최고의

우리말 해석

나의 셀피

나는 일어날 때 셀피를 찍어요. 내 머리는 별로인 것 같아요. 나는 토스트를 물고 셀피를 찍어요. 내 얼굴에 잼이 묻었어요. 나는 윙크할 때 셀피를 찍어요. 나는 바보 같아 보여요.

어떻게 해야 셀피에 잘 나올 수 있을까요? 아, 생각이 하나 떠올랐어요! 나는 친구들과 있을 때 셀피를 찍어요. 모두가 웃으며 행복해 보여요. 이것은 가장 잘 나온 셀피예요.

● **주요 문장 확인하기**

1 I take a selfie **when** I wake up.
　주어 동사　 목적어　　　 주어′　 동사′
→ when은 '～할 때'라는 의미로 문장과 문장을 연결하는 접속사이다.

2 My hair **looks** bad.
　　주어　　 동사　 보어
→ 〈look+형용사〉는 '～해 보이다'라는 의미이다.
→ bad는 주어 My hair를 보충 설명한다.

10 **Everyone** smiles *and* looks happy.
   주어   동사1   동사2   보어
→ everyone의 의미는 복수를 나타내지만, 단수로 취급하여 동사 뒤에 –s[es]가 온다.
→ 동사 smiles와 looks가 and로 연결되어 있다.

11 This is the **best** selfie.
   주어 동사   보어
→ best는 '가장 좋은, 최고의'라는 의미로, 형용사 good의 최상급 표현이다.

06 Pictures of Nature

p.33 Look UP	**A** 1 close	2 different		
	B 1 fake	2 hide	3 use	
p.35 Check UP	1 ③	2 (a)× (b)○	3 ③	4 a nature b birds
p.36 Build UP	1 (B)	2 (C)	3 (A)	
p.36 Sum UP	a nature	b used	c fake	d different

Check UP

1 자연 속에 숨어서 새의 사진을 찍고, 그 사진들로 자연 도서를 만들게 된 Cherry와 Richard 형제에 관한 글이므로 정답은 ③이다.

2 (a) Richard는 Cherry의 사진을 좋아했다고(His brother, Richard, really liked it.) 했으므로 글의 내용과 틀리다.
(b) Cherry는 가짜 황소 안에 숨어 사진을 찍었다고(Cherry hid in it. When birds got close, he took pictures.) 했으므로 글의 내용과 맞다.

3 Cherry와 Richard는 사진을 찍기 위해 건초와 풀을 사용했다고(First, they used hay and grass and hid.) 했으며, 그들이 만든 책의 제목은 〈British Birds' Nests〉라고(~ made a nature book, *British Birds' Nests*.) 했다. 그 책에는 다양한 둥지, 알, 그리고 새의 많은 사진이 있다고 했지만, 책에 실린 사진의 개수에 대한 내용은 없다. 따라서 정답은 ③이다.

Build UP

1 Cherry는 완벽한 둥지 사진을 찍었다.	—	(B) 그리고 Richard는 그것을 정말 좋아했다.
2 형제는 가짜 황소를 만들었다.	—	(C) 그리고 Cherry가 그것 안에 숨었다.
3 새들이 가까이 다가왔을 때,	—	(A) Cherry는 사진을 찍었다.

Sum UP

다양한	가짜의	사용했다	자연

Cherry는 완벽한 둥지 사진을 찍었다. 그러고 나서 그는 형제 Richard와 함께 ⓐ 자연 사진을 찍기 시작했다. 그들은 건초와 풀을 ⓑ 사용했고 후에 ⓒ 가짜 황소를 만들었다. 나중에 그들은 자연 도서를 만들었고, 그것에는 ⓓ 다양한 둥지, 알, 그리고 새의 사진들이 많이 실렸다.

● 지문 살펴보기

Pictures of Nature
자연 사진들

1. Cherry took a perfect picture / of a nest.
   Cherry는 완벽한 사진을 찍었다   /   둥지의.

2. His brother, Richard, / really liked it.
   그의 형제인 Richard는   / 그것을 정말 좋아했다.

3. So the brothers decided / to take pictures / of nature.
   그래서 형제는 결심했다   /   사진을 찍기로   /   자연의.

4. First, / they used hay and grass / and hid.
   처음에, /   그들은 건초와 풀을 사용했다   / 그리고 숨었다.

5. Later, / they made a fake ox.
   나중에, / 그들은 가짜 황소를 만들었다.

6. Cherry hid in it.
   Cherry는 그것 안에 숨었다.

7. When birds got close, // he took pictures.
   새들이 가까워졌을 때,   //   그는 사진을 찍었다.

8. In 1895, / Richard and Cherry made /
   1895년에, /   Richard와 Cherry는 만들었다   /
   a nature book, *British Birds' Nests*.
   〈British Birds' Nests〉라는 자연 도서를.

9. It showed / many pictures / of different nests,
   그것은 보여줬다 / 많은 사진들을   /   다양한 둥지,
   eggs, and birds.
   알, 그리고 새들의.

주요 어휘

nature	자연
perfect	완벽한
nest	둥지
really	정말로, 진짜로
decide(- decided)	결심하다, 결정하다
use(- used)	1. 사용하다, 이용하다
	2. 사용, 이용
hay	건초
grass	풀
hide(- hid)	숨다
fake	가짜의, 거짓의
close	가까운
show(- showed)	보여주다
different	다른, 다양한

우리말 해석

자연 사진들
Cherry는 완벽한 둥지 사진을 찍었어요. 그의 형제인 Richard는 그것을 정말 좋아했지요. 그래서 형제는 자연 사진을 찍기로 결심했어요. 처음에, 그들은 건초와 풀을 사용해 숨었어요. 나중에 가짜 황소를 만들었어요. Cherry는 그것 안에 숨었어요. 새들이 가까이 다가왔을 때, 그는 사진을 찍었지요. 1895년에, Richard와 Cherry는 〈British Birds' Nests〉라는 자연 도서를 만들었어요. 그것은 다양한 둥지, 알, 그리고 새의 많은 사진들을 보여줬답니다.

① <u>Cherry</u> <u>took</u> *a perfect picture* [of a nest].
　　주어　　동사　　　　　목적어

→ of a nest는 뒤에서 a perfect picture를 꾸며 준다.

② <u>His brother, Richard,</u> really <u>liked</u> <u>it</u>.
　　　　주어　　　　　　　　　　　동사　목적어

→ His brother와 Richard는 같은 사람을 나타내는 말로 콤마(,)로 연결되었다.

③ So <u>the brothers</u> <u>decided</u> **to take** *pictures* [of nature].
　　　　주어　　　　　동사　　　　　목적어

→ 〈decide[decided]+to+동사원형〉은 '～하기로 결심하다[결심했다]'라는 의미이다.

→ to take pictures는 '사진 찍는 것'이라는 의미로 to take pictures of nature는 동사 decided의 목적어이다.

→ of nature는 앞에 pictures를 뒤에서 꾸며 준다.

Wrap UP | Unit 05-06　　　　　　pp.37 – 38

A 1 wink - 윙크하다　2 smile - 웃다, 미소 짓다　3 close - 가까운

B 1 face　2 bite　3 different　4 decided

C 1 fake　2 silly　3 close　4 Everyone

D 1 wink　2 took　3 used　4 smiles

07　Social Media　　　　　pp.39 – 42

p.39 Look UP	A 1 share　2 message
	B 1 without　2 kind　3 smart
p.41 Check UP	1 ③　2 (a) ✕ (b) ○　3 ③　4 ⓐ smart ⓑ spend
p.42 Build UP	ⓐ meet　ⓑ share　ⓒ messages　ⓓ learn
p.42 Sum UP	ⓐ new　ⓑ without　ⓒ kind　ⓓ safe

Check UP

1 소셜 미디어가 무엇인지와 실제로 사용할 때 주의해야 하는 점에 대해 설명하는 글이므로 정답은 ③이다.

2 (a) 소셜 미디어에서 친구들과 사진과 문자를 함께 나눌 수 있다고(You can share pictures and messages with them.) 했으므로 글의 내용과 틀리다.

(b) 소셜 미디어에서 친구들을 사귀고, 새로운 것들을 배울 수 있다고(You can meet new friends. ~ You can also learn new things.) 했으므로 글의 내용과 맞다.

3 소셜 미디어에서 너무 많은 시간을 보내지 말라는(Don't spend too much time on it.) 내용은 있지만 그 이유에 대한 내용은 글에 없다. 따라서 정답은 ③이다.

Build UP

보기

공유하다   배우다   만나다   문자들

소셜 미디어에서,

- 여러분은 새로운 친구들을 **a** 만날 수 있다.

- 여러분은 사진들과 **c** 문자들을 **b** 공유할 수 있다.

- 여러분은 새로운 것들을 **d** 배울 수 있다.

Sum UP

보기

〜하지 않고   친절한   새로운   안전한

소셜 미디어에서 여러분은 **a** 새로운 친구들을 사귀거나, 새로운 것들을 배울 수 있다. 하지만 다른 사람들의 사진을 묻지 **b** 않고 공유하지 마라. 또한, 모두에게 **c** 친절해라. 소셜 미디어는 모두에게 **d** 안전하고 재미있어야 한다.

◉ 지문 살펴보기

Social Media
소셜 미디어

① Social media is a place / on the internet.
　소셜 미디어는 한 장소이다　/　인터넷에 있는.

② You can meet / new friends.
　너는 만날 수 있다 / 새로운 친구들을.

③ You can share / pictures and messages / with them.
　너는 공유할 수 있다 /　사진들과 문자들을　/ 그들과 함께.

④ You can also learn / new things.
　너는 또한 배울 수 있다　/ 새로운 것들을.

주요 어휘

place	장소, 곳
internet	인터넷
share	공유하다, 함께 나누다
message	메시지, 문자
also	또한

⑤ But be a smart user.
하지만 현명한 사용자가 되어라.

⑥ Don't spend / too much time / on it.
보내지 마라   / 너무 많은 시간을 / 그것에.

⑦ Don't share / pictures of others / without asking.
공유하지 마라   /   다른 사람의 사진을   /   묻지 않고.

⑧ Be kind / to everyone.
친절해라   /   모두에게.

⑨ Social media should be / safe and fun / for everyone!
소셜 미디어는 ～되어야 한다 / 안전하고 재미있는 / 모두에게!

smart	똑똑한, 현명한
spend	(시간을) 쓰다, 보내다
other	다른 것, 다른 사람
without	～ 없이, ～하지 않고
kind	친절한
safe	안전한

우리말 해석

소셜 미디어

소셜 미디어는 인터넷에 있는 한 장소예요. 여러분은 새로운 친구들을 만날 수 있어요. 그들과 함께 사진과 문자를 공유할 수 있고요. 여러분은 새로운 것을 배울 수도 있어요.

하지만 현명한 사용자가 되세요. 그것에 너무 많은 시간을 보내지는 마세요. 다른 사람의 사진을 묻지 않고 공유하지 않도록 하세요. 모두에게 친절하게 대하세요. 소셜 미디어는 모두에게 안전하고 재미있어야 합니다!

● 주요 문장 확인하기

③ You can share pictures **and** messages with them.
　주어　　　동사　　　목적어1　　　　목적어2
→ and는 목적어 pictures와 messages를 연결한다.

⑤ But **be** a smart user.
→ 〈동사원형 ～〉은 '～해라'라는 의미의 긍정 명령문이다.

⑦ **Don't share** pictures of others *without* asking.
　　　동사　　　　　　목적어
→ 〈Don't＋동사원형 ～〉은 '～하지 마라'라는 의미의 부정 명령문이다.
→ without은 '～없이, ～하지 않고'라는 의미로 뒤에 명사 또는 〈동사원형＋-ing〉의 형태가 온다.

⑨ Social media **should** be safe *and* fun for everyone!
　주어　　　　　동사　　　보어1　　　보어2
→ 〈should＋동사원형〉은 '～해야 한다'라는 의미이며, 뒤에 be동사의 원형인 be가 사용되었다.
→ and는 보어 safe와 fun를 연결한다.
→ safe와 fun은 주어 Social media를 보충 설명한다.

I'm Sorry, Logan

p.43 Look UP	**A** 1 miss	2 help		
	B 1 real	2 ask for	3 post	
p.45 Check UP	1 ②	2 (a) ○ (b) ○ (c) ×	3 ③	
	4 ⓐ posted ⓑ angry			
p.46 Build UP	ⓐ post	ⓑ share	ⓒ only	ⓓ sorry
p.46 Sum UP	ⓐ posted	ⓑ angry	ⓒ asked for	ⓓ helped

Check UP

1 글쓴이 '나'는 소셜 미디어에 친한 친구의 사진을 허락 없이 올려 친구를 잃게 되었고, 이 경험을 통해 교훈을 얻었다는 내용이다. 따라서 정답은 ②이다.

2 (a) '나'는 소셜 미디어에 친구가 많다고(I have many friends on social media.) 했으므로 글의 내용과 맞다.
(b) Logan은 실제 '나'의 가장 친한 친구라고(In real life, my best friend is Logan.) 했으므로 글의 내용과 맞다.
(c) '나'는 소셜 미디어에 도움을 구했지만 아무도 도와주지 않았다고(I asked for help on social media about this. But nobody helped.) 했으므로 글의 내용과 틀리다.

3 글쓴이 '내'가 소셜 미디어에 친구의 사진을 허락 없이 올린 결과로 가장 친한 친구를 잃었다는 내용이다. 따라서 정답은 ③이다.

Build UP

보기

공유하다 올리다 미안한 오직

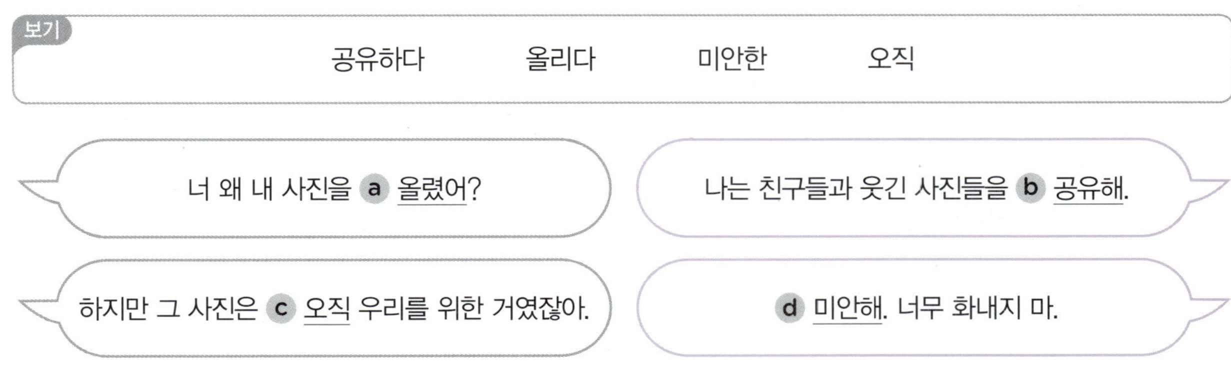

Sum UP

보기

도와줬다 올렸다 요청했다 화가 난

나는 소셜 미디어에 친구가 많다. 어느 날, 나는 가장 친한 친구의 웃긴 사진을 ⓐ 올렸다. 하지만 그는 ⓑ 화를 냈다. 나는 미안해서 소셜 미디어에 도움을 ⓒ 요청했다. 하지만 아무도 ⓓ 도와주지 않았다.

I'm Sorry, Logan
미안해, Logan

1 I have many friends / on social media.
나는 많은 친구들이 있다 / 소셜 미디어에.

2 We share funny pictures.
우리는 웃긴 사진들을 공유한다.

3 In real life, / my best friend is Logan.
실제, / 나의 가장 친한 친구는 Logan이다.

4 One day, / I posted his funny picture.
어느 날, / 나는 그의 웃긴 사진을 올렸다.

5 But Logan was very angry.
그러나 Logan은 매우 화를 냈다.

6 "The picture was / only for us."
"그 사진은 ~이었다 / 오직 우리를 위한."

7 Then Logan stopped / talking to me.
그러고 나서 Logan은 그만했다 / 나에게 말하는 것을.

8 I wanted / to say sorry.
나는 원했다 / 미안하다고 말하는 것을.

9 I asked for help / on social media / about this.
나는 도움을 요청했다 / 소셜 미디어에 / 이것에 대해.

10 But nobody helped.
그러나 아무도 도와주지 않았다.

11 I miss my best friend.
나는 나의 가장 친한 친구가 그립다.

12 I learned my lesson.
나는 교훈을 배웠다.

주요 어휘

funny	웃기는, 재미있는
real	진짜의, 실제의
real life	실제, 실생활
post(- posted)	(정보, 사진 등을) 올리다, 게시하다
angry	화난
only	오직, 단지
stop(- stopped)	그만하다, 멈추다
talk	말하다, 이야기하다
want(- wanted)	원하다
ask for(- asked for)	요청하다, 부탁하다
help(- helped)	1. 도움 2. 돕다, 도와주다
nobody	아무도 ~ 않다
miss	그리워하다
learn(- learned)	배우다
lesson	교훈

우리말 해석

미안해, Logan
난 소셜 미디어에 친구가 많아. 우리는 웃긴 사진들을 공유해. 실제로 내 가장 친한 친구는 Logan이야. 어느 날, 난 Logan의 웃긴 사진을 게시했어. 그런데 Logan이 매우 화를 내는 거야. "그 사진은 우리만을 위한 거였잖아."

그리고 Logan은 나한테 말을 걸지 않았어. 난 미안하다고 말하고 싶었지. 나는 이것에 대해 소셜 미디어에 도움을 요청했어. 그런데 아무도 도와주지 않는 거야.

난 내 가장 친한 친구가 그리워. 교훈을 얻었어.

● **주요 문장 확인하기**

7 Then Logan **stopped** *talking* to me.
　　　　주어　　　동사　　　목적어

→ 〈stop[stopped]+동사원형+-ing〉는 '~하는 것을 그만하다[멈추다]'로 해석한다.

→ talking은 '말하는 것'이라 해석하며, talking to me는 동사 stopped의 목적어이다.

⑧ I **wanted** *to say* sorry.
　　주어　　동사　　　　목적어

→ 〈want[wanted]＋to＋동사원형〉은 '~하는 것을 원하다[원했다], ~하고 싶다[싶었다]'라는 의미이다.

→ to say는 '말하는 것'이라 해석하며, to say sorry는 동사 wanted의 목적어이다.

⑩ But **nobody** helped.
　　　　주어　　　동사

→ nobody는 '아무도 ~ 않다'라는 의미이며, 문장에서 부정의 의미를 나타낸다.

Wrap UP | Unit 07-08　　　　　　pp.47 – 48

A 1 **help** - 도움, 돕다, 도와주다　　2 **share** - 공유하다, 함께 나누다　　3 **message** - 메시지, 문자

B 1 others　　　2 kind　　　3 only　　　4 miss

C 1 without　　　2 real　　　3 ask for　　　4 messages

D 1 was　　　2 meet　　　3 be　　　4 stopped

9　A Fun Trip　　　　　　pp.49 – 52

p.49 Look UP	**A** 1 ride　　2 drive **B** 1 visit　　2 weather　　3 along	
p.51 Check UP	1 ③　　2 (a) ○ (b) × (c) ×　3 ② 4 ⓐ weather　ⓑ places	
p.52 Build UP	1 (A), (C), (E)　　2 (B), (D)	
p.52 Sum UP	ⓐ visited　ⓑ rode　ⓒ weather　ⓓ amazing	

Check UP

1 이 글은 여행지에서 있었던 일들을 설명하고 있으며, 마지막 인사말로 '엄마, 보고 싶어요. 곧 뵐게요(I miss you, Mom. See you soon.)'라고 한 것으로 보아 글쓴이가 엄마에게 전하는 편지임을 알 수 있다. 정답은 ③이다.

2 (a) '우리'는 Tahoe 호수를 방문했고, 그것을 따라 자전거를 탔다고(On Monday, we visited Lake Tahoe. ~ rode a bike along the lake.) 했으므로 글의 내용과 맞다.

(b) '우리'는 Death Valley를 방문했는데 날씨가 매우 덥고, 건조했다고(~ visited Death Valley. It was so hot and dry.) 했으므로 글의 내용과 틀리다.

(c) 글의 시작부터 '나'와 아빠(Dad and I)가 한 일에 대해 설명하고 있으며, 마지막에는 엄마가 그립다는 (I miss you, Mom.) 내용으로 보아 엄마는 '나'와 아빠(Dad and I)의 여행에 함께하지 않았음을 알 수 있다.

3 '나'는 목요일에 Death Valley를 방문했다고(On Thursday, we visited Death Valley.) 했으므로 정답은 ②이다. 몇 시간 동안 운전한 사람은 아빠이므로(Dad drove for hours.) ③은 정답이 될 수 없다.

Build UP

| 1 월요일에(는), | — | (A) 우리는 Tahoe 호수를 방문했다. | (C) 날씨가 좋고 시원했다. | (E) 우리는 자전거를 탔다. |

| 2 목요일에(는), | — | (B) Death Valley에서는 덥고 건조했다. | (D) 아빠는 몇 시간 동안이나 운전했다. |

Sum UP

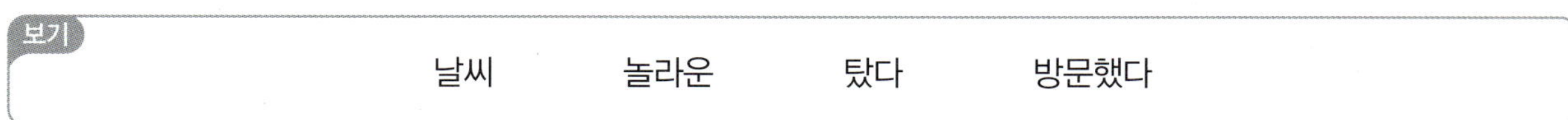

보기

| 날씨 | 놀라운 | 탔다 | 방문했다 |

Olivia는 California의 많은 곳을 ⓐ 방문했다. 우선, 그녀는 Tahoe 호수를 방문했고 자전거를 ⓑ 탔다. ⓒ 날씨는 좋고 시원했다. 그다음, 그녀는 Death Valley를 방문했다. 더웠지만 풍경은 ⓓ 놀라웠다.

● 지문 살펴보기

A Fun Trip
재미있는 여행

1 Hello / from California!
안녕하세요 / California에서!

2 Dad and I visited many places / this week.
아빠와 나는 많은 곳을 방문했다 / 이번 주에.

3 On Monday, / we visited Lake Tahoe.
월요일에, / 우리는 Tahoe 호수를 방문했다.

4 The weather was nice / and cool.
날씨는 좋았다 / 그리고 시원했다.

5 We rode a bike / along the lake.
우리는 자전거를 탔다 / 호수를 따라.

6 On Thursday, / we visited Death Valley.
목요일에, / 우리는 Death Valley를 방문했다.

7 It was so hot / and dry.
매우 더웠다 / 그리고 건조했다.

8 The place was very big.
그곳은 매우 컸다.

주요 어휘

fun	즐거운
trip	여행
visit(- visited)	방문하다
lake	호수
weather	날씨
cool	시원한
ride(- rode)	(탈 것을) 타다
along	~을 따라
dry	건조한

⁹ Dad drove / for hours.
아빠는 운전했다 / 몇 시간 동안.

¹⁰ But the view was amazing.
하지만 경치는 놀라웠다.

¹¹ Tomorrow, / we will visit / L.A.
내일,　　 / 우리는 방문할 것이다 / L.A.를.

¹² I miss you, /　Mom.
나는 당신이 그립다. / 엄마.

¹³ See you soon,
곧 봐요,

¹⁴ *Olivia*
Olivia가

우리말 해석

재미있는 여행

California에서 인사드려요! 아빠와 저는 이번 주에 많은 곳을 방문했어요. 월요일에 저희는 Tahoe 호수를 방문했어요. 날씨는 좋고 시원했어요. 저희는 호수를 따라 자전거를 탔어요.

목요일에 저희는 Death Valley를 방문했어요. 정말 덥고 건조했어요. 그곳은 매우 컸어요. 아빠는 몇 시간 동안이나 운전했어요. 하지만 경치는 놀라웠어요. 내일 저희는 L.A.를 방문할 거예요.

엄마, 보고 싶어요.
곧 뵐게요,
Olivia 드림

● 주요 문장 확인하기

⁴ <u>The weather</u> <u>was</u> <u>nice</u> **and** <u>cool</u>.
　　주어　　　동사　보어1　　보어2
→ 접속사 and는 형용사 nice와 cool을 연결한다.
→ nice와 cool은 주어 The weather를 보충 설명한다.

⁷ **It** was *so* hot and dry.
→ 여기서 It은 '그것'이라 해석하지 않고, 시간, 날씨 등을 말할 때 주어 자리에 쓰이는 비인칭 주어이다.
→ so는 '매우, 대단히'라는 의미이다.

¹¹ Tomorrow, <u>we</u> **will** *visit* L.A.
　　　　　주어　　동사　　목적어
→ will은 '~할 것이다'라는 의미로 미래를 나타내며, 뒤에 동사원형이 온다.

p.53 Look UP	**A** 1 report 2 storm **B** 1 Heavy 2 welcome 3 explain			
p.55 Check UP	1 ③	2 (a) ○ (b) ○	3 ②	4 ⓐ reports ⓑ heavy
p.56 Build UP	ⓐ always	ⓑ heavy	ⓒ explains	ⓓ easy
p.56 Sum UP	ⓐ weather	ⓑ reports	ⓒ popular	ⓓ welcome

Check UP

1 날씨 보도 기자인 Jim Cantore에 대한 내용으로, Cantore의 날씨 보도 특징과 그가 사람들에게 인기가 있는 이유를 설명하므로 이 글의 알맞은 제목은 ③이다.

2 (a) 폭우와 거센 바람 속에서도 날씨를 생중계한다고(He stands in the heavy rain. ~ He reports the weather live.) 했으므로 글의 내용과 맞다.
(b) 시청자가 이해할 수 있도록 쉬운 말로 날씨 현상을 설명한다고(He explains weather events with easy words.) 했으므로 글의 내용과 맞다.

3 Cantore는 극심한 날씨 현장을 직접 방문해서 생방송으로 보도하는 것으로 잘 알려져 있기 때문에, 일부 사람들은 Cantore가 자신이 사는 곳으로 방문하면 '폭풍우가 오는 중이다'라고 말한다고(They say, "A storm is coming.") 했으므로 정답은 ②이다.

Build UP

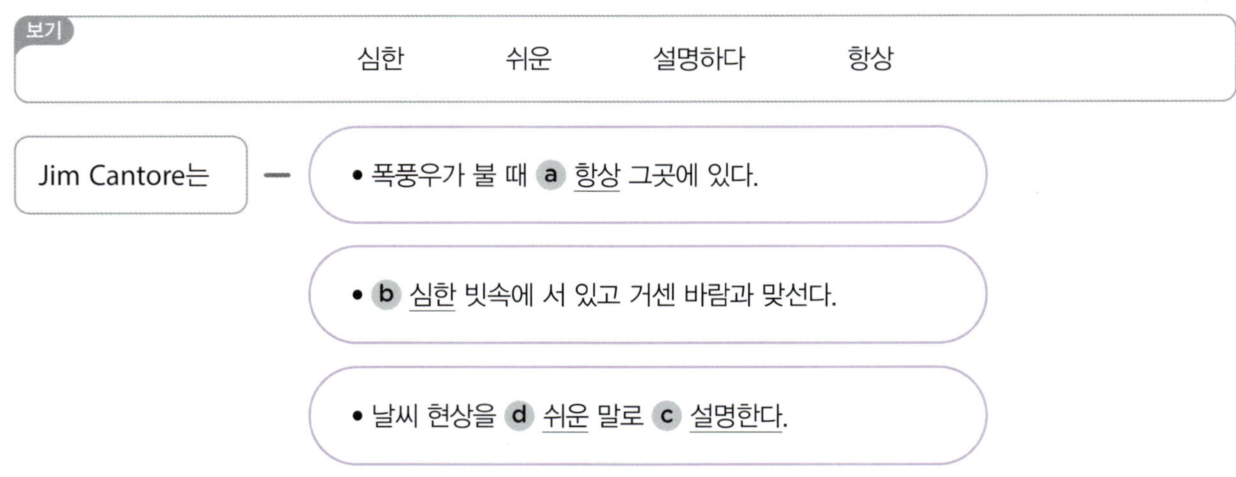

보기

| 인기 있는 | 날씨 | 보도하다 | 환영하다 |

Jim Cantore는 ⓐ 날씨 보도 기자이다. 그는 폭풍우 속에 서서 날씨를 생방송으로 ⓑ 보도한다. 그는 ⓒ 인기 있지만 몇몇 사람들은 그들이 사는 도시에 Cantore를 ⓓ 환영하지 않는다.

지문 살펴보기

Jim Cantore
Jim Cantore

1. Jim Cantore is a weather reporter.
   Jim Cantore는 날씨 보도 기자이다.

2. When there is a storm, // he is always there.
   폭풍우가 있을 때, // 그는 항상 그곳에 있다.

3. He stands / in the heavy rain.
   그는 서 있다 / 폭우 속에.

4. He fights / with the strong winds.
   그는 싸운다 / 강한 바람과.

5. He reports the weather / live.
   그는 날씨를 보도한다 / 생방송으로.

6. He is popular, / too.
   그는 인기 있다, / ~도.

7. He explains weather events / with easy words.
   그는 날씨 현상을 설명한다 / 쉬운 말로.

8. So, many people can understand.
   그래서 많은 사람들은 이해할 수 있다.

9. But some people don't welcome Cantore
   하지만 몇몇 사람들은 Cantore를 환영하지 않는다
   / in their town.
   / 그들의 도시에.

10. They say, // "A storm is coming."
    그들은 말한다, // "폭풍우가 오고 있다."

주요 어휘

report	보도하다
reporter	보도 기자, 리포터
storm	폭풍우
always	항상, 언제나
stand	서다
heavy	심한, 많은
heavy rain	폭우
fight	싸우다
strong	강한, 거센
live	생방송으로, 생중계로
popular	인기 있는
explain	설명하다
event	(중요한) 사건, 일어난 일
word	말, 단어
understand	이해하다
welcome	환영하다, 맞이하다
town	(소)도시

우리말 해석

Jim Cantore

Jim Cantore는 날씨 보도 기자예요. 폭풍우가 불 때, 그는 항상 그곳에 있어요. 그는 폭우 속에 서 있어요. 그는 거센 바람과 맞서요. 그는 날씨를 생중계해요.

그는 인기도 많아요. 그는 쉬운 말로 날씨 현상을 설명해요. 그래서 많은 사람들은 이해할 수 있어요. 하지만 일부 사람들은 그들이 사는 도시에 Cantore를 환영하지 않아요. 그들은 "폭풍우가 오고 있다."라고 말해요.

2 **When *there is*** a storm, he is always there.

→ when은 '~할 때'라는 의미이며, 문장과 문장을 연결하는 접속사이다.

→ 〈There is+단수명사〉는 '~가 있다'라는 의미이다.

10 They say, "A storm **is coming**."
    주어   동사   주어'   동사'

→ <is[am, are]+동사원형+ -ing〉은 '~하고 있다, ~하는 중이다'라는 의미를 가진 현재진행형이다.

Wrap UP | Unit 09-10   pp.57 – 58

A	1 drive - 운전하다	2 storm - 폭풍우	3 report - 보도하다	
B	1 weather	2 visited	3 heavy	4 welcome
C	1 live	2 view	3 storm	4 along
D	1 drove	2 explains	3 rode	4 reports

11   Pencil and Eraser

p.59 **Look UP**	**A** 1 draw 2 erase
	B 1 Finish 2 quit 3 line
p.61 **Check UP**	1 ② 2 (a)× (b)× 3 ③ 4 ⓐ draw ⓑ finish
p.62 **Build UP**	1 (C) 2 (A) 3 (B)
p.62 **Sum UP**	ⓐ drawing ⓑ upset ⓒ idea ⓓ perfect

Check UP

1 어떤 그림도 같이 완성할 수 없었던 Pencil과 Eraser가 나중에는 협동하여 그림을 완성할 수 있게 되었다는 내용이므로 정답은 ②이다.

2 (a) Eraser는 Pencil의 그림을 좋아하지 않는다고(But Eraser doesn't like it.) 했으므로 글의 내용과 틀리다.
(b) Pencil은 Eraser도 같이 그림을 그릴 수 있는 방법을 생각해 냈고, 결국 둘은 함께 완벽한 그림을 완성한다고 (Now Pencil and Eraser make a perfect drawing together.) 했으므로 글의 내용과 틀리다.

3 Pencil은 자신이 좋은 화가가 아니라고 생각해서 그림 그리기를 그만두려고(I'm not a good artist. I should quit drawing.) 했다. 따라서 정답은 ③이다.

Build UP

1 Pencil은 무언가를 그린다.	—	(C) 하지만 Eraser는 그것을 좋아하지 않아 지운다.
2 Pencil은 속상해하고 말한다.	—	(A) "나는 좋은 화가가 아니야."
3 Eraser는 조금만 지운다.	—	(B) 그래서 그는 동시에 지우면서 그릴 수 있다.

Sum UP

> 보기
>
> 속상한　　　완벽한　　　그림　　　아이디어

Eraser는 Pencil의 **a** 그림을 좋아하지 않는다. 그는 그것을 지우고, Pencil은 **b** 속상해한다. 하지만 Pencil에게 좋은 **c** 아이디어가 있다! Pencil은 선을 그리고, Eraser는 조금만 지운다. 이렇게 Eraser도 그림을 그릴 수 있다. 이제 그들은 함께 **d** 완벽한 그림을 만든다.

● 지문 살펴보기

Pencil and Eraser
Pencil과 Eraser

1 Pencil and Eraser can't finish / any drawings.
Pencil과 Eraser는 완성할 수 없다 / 어떤 그림도.

2 Pencil draws something.
Pencil은 무언가를 그린다.

3 But Eraser doesn't like it.
하지만 Eraser는 그것을 좋아하지 않는다.

4 He erases it.
그는 그것을 지운다.

5 Pencil gets upset.
Pencil은 속상해한다.

6 "I'm not a good artist.
"나는 좋은 화가가 아니야.

7 I should quit drawing."
나는 그림 그리는 것을 그만두어야 해."

주요 어휘

finish	끝내다, 완성하다
drawing	그림
draw	(그림을) 그리다
something	무언가
erase	지우다
upset	속상한, 마음이 상한
artist	화가, 예술가
quit	그만두다

⑧ Then he has an idea.
그러고 나서 그는 아이디어를 생각해 낸다.

⑨ Pencil draws lines.
Pencil은 선들을 그린다.

⑩ He says, // "Eraser, / just erase a little.
그는 말한다. // "Eraser야, / 그냥 조금만 지워.

⑪ This way, / you can erase / and draw /
이렇게, / 너는 지울 수 있어 / 그리고 그릴 수 (있어) /
at the same time."
동시에."

⑫ Now Pencil and Eraser make / a perfect drawing /
이제 Pencil과 Eraser는 만든다 / 완벽한 그림을 /
together.
함께.

idea	생각, 아이디어
line	선, 줄
a little	조금, 약간
this way	이렇게, 이런 식으로
at the same time	동시에
perfect	완벽한

우리말 해석

Pencil과 Eraser
Pencil과 Eraser는 어떤 그림도 완성할 수 없어요. Pencil은 무언가를 그려요. 하지만 Eraser는 그것을 좋아하지 않아요. 그는 그것을 지워버려요. Pencil은 속상해해요. "나는 좋은 화가가 아니야. 그림 그리는 것을 그만둬야겠어."

그러고 나서 그는 생각이 떠올라요. Pencil은 여러 선을 그려요. 그는 "Eraser야, 조금만 지워봐. 이렇게 너는 동시에 지우면서 그릴 수 있어."라고 말해요. 이제 Pencil과 Eraser는 함께 완벽한 그림을 만들어요.

◔ 주요 문장 확인하기

⑤ Pencil **gets** upset.
　　주어　동사　보어
→ 〈get+형용사〉는 '(어떤 상태가) 되다'라는 의미이다.
→ upset은 주어 Pencil을 보충 설명한다.

⑦ I **should** quit *drawing*.
주어　　동사　　　목적어
→ 〈should+동사원형〉은 '~해야 한다'라는 의미이다.
→ 여기서 drawing은 '그림 그리는 것'이라는 의미이며, 동사 should quit의 목적어이다.

⑪ This way, you **can erase** and (can) **draw** at the same time.
　　　　　주어　　동사1　　　　동사2
→ and 뒤의 can은 중복을 피하기 위해 생략되었다.

12 Leonardo da Vinci

p.63 **Look UP**	**A** 1 sketch	2 talent		
	B 1 die	2 spend	3 interested	
p.65 **Check UP**	1 ②	2 (a) ○ (b) ×	3 ③	4 ⓐ finish ⓑ left
p.66 **Build UP**	ⓐ perfect	ⓑ finish	ⓒ left	ⓓ time
p.66 **Sum UP**	ⓐ interested	ⓑ work	ⓒ died	ⓓ spent

Check UP

1 많은 재능을 가지고 있지만 어떤 면에서는 완벽하지 않았던 Leonardo da Vinci에 관한 글로 정답은 ②이다.

2 (a) Leonardo는 죽기 전 많은 스케치를 남겼다고(He left behind many sketches when he died.) 했다.
(b) Leonardo는 〈모나리자〉를 완성하는 데 14년이 걸렸다고(On *Mona Lisa*, he spent 14 years!) 했으므로 글의 내용과 틀리다.

3 Leonardo는 〈최후의 만찬〉을 3년 동안 작업했다고(For example, he worked on *The Last Supper* for 3 years.) 했으므로 글의 내용을 잘못 이해한 사람은 우진이다.

Build UP

Leonardo da Vinci는

- 어떤 면에서는 ⓐ (완벽하지 / 관심 있지) 않았다.
- 작업을 ⓑ (가져갈 / 끝낼) 수 없었다.
- 죽었을 때 많은 스케치들을 ⓒ (남겼다 / 작업했다).
- 그림에 많은 ⓓ (돈 / 시간)을 보냈다.

Sum UP

보기

작업   보냈다   죽었다   관심 있는

Leonardo da Vinci는 많은 것에 ⓐ 관심 있었다. 그래서 그는 항상 바빴다. 하지만 그는 그의 ⓑ 작업을 끝낼 수 없었다. 그는 ⓒ 죽었을 때 많은 스케치들을 남겼다. 그는 또한 그림을 천천히 그렸다. 그는 〈모나리자〉를 그리는 데 14년을 ⓓ 보냈다.

Leonardo da Vinci

Leonardo da Vinci

1 Leonardo da Vinci had many talents.
Leonardo da Vinci는 많은 재능을 가지고 있었다.

2 But in some ways, / he wasn't perfect.
하지만 어떤 면에서, / 그는 완벽하지 않았다.

3 He was interested / in many things.
그는 관심 있었다 / 많은 것들에.

4 So he was always busy.
그래서 그는 항상 바빴다.

5 He left behind many sketches // when he died.
그는 스케치들을 많이 남겼다 // 그가 죽었을 때.

6 He couldn't finish / his work.
그는 끝낼 수 없었다 / 그의 작업을.

7 He also took his time / on his paintings.
그는 또한 천천히 했다 / 그의 그림에.

8 For example, / he worked on *The Last Supper* /
예를 들어, / 그는 〈최후의 만찬〉을 작업했다 /
for 3 years.
3년 동안.

9 On *Mona Lisa*, / he spent 14 years!
〈모나리자〉에, / 그는 14년을 보냈다!

주요 어휘

talent	재능
interested	관심 있는
interested in	～에 관심 있는
always	항상, 언제나
busy	바쁜
leave behind	남기다
(- left behind)	
sketch	스케치, 밑그림
die(- died)	죽다
work	1. 일, 작업
	2. 일하다, 작업하다
take one's time	천천히 하다,
(- took one's time)	서두르지 않고 하다
painting	그림, 작품
for example	예를 들어
spend(- spent)	(시간을) 보내다

우리말 해석

Leonardo da Vinci
Leonardo da Vinci는 재능이 많았어요. 하지만 어떤 면에서는 완벽하지 않았어요. 그는 많은 것에 관심이 있었거든요. 그래서 그는 늘 바빴지요.

그가 사망했을 때 많은 스케치를 남겼어요. 그는 작업을 끝내지 못했거든요. 그림들을 그릴 때 천천히 그리기도 했어요. 예를 들어, 그는 〈최후의 만찬〉을 3년 동안 그렸어요. 〈모나리자〉에는 14년을 보냈어요!

◉ **주요 문장 확인하기**

4 So he was **always** busy.
→ always는 '항상, 언제나'라는 의미로, be동사 뒤에 오는 빈도부사이다.

5 He left behind many sketches **when** he died.
주어　　동사　　　목적어　　　　주어' 동사
→ when은 '～할 때'라는 의미이며, 문장과 문장을 연결하는 시간을 나타내는 접속사이다.

6 He **couldn't** finish his work.
주어　　　동사　　　목적어
→ couldn't는 '～할 수 없었다'라는 의미로 can't의 과거형이다.

A　1 talent - 재능　　2 draw - (그림을) 그리다　　3 erase - 지우다

B　1 busy　　2 quit　　3 idea　　4 sketches

C　1 interested　　2 line　　3 time　　4 talent

D　1 draws　　2 spent　　3 erase　　4 finish

13 Colors of the Week

p.69 Look UP	**A**　1 each　　2 luck **B**　1 important　　2 wear　　3 usually		
p.71 Check UP	1 ②　　2 (a) ○ (b) × (c) ×　　3 ③ 4 ⓐ each　ⓑ luck		
p.72 Build UP	1 (C)　　2 (A)　　3 (B)		
p.72 Sum UP	ⓐ brings　　ⓑ important　　ⓒ final　　ⓓ usually		

Check UP

1 각 요일을 상징하는 행운의 색 관련 태국 문화를 Tiger Woods를 예시로 들어 설명하는 글이다. 따라서 정답은 ②이다.

2 (a) 태국 사람들에게 색은 중요하다고(Colors are important to people in Thailand.) 했으므로 글의 내용과 맞다.

(b) 태국에서 금요일 행운의 색은 하늘색이라고(Friday–light blue) 했으므로 글의 내용과 틀리다.

(c) 태국 사람들은 중요한 일이 있을 때만 행운의 색을 입는다고(They do it only when there's something important.) 했으므로 글의 내용과 틀리다.

3 태국계 혼혈 골프선수인 Tiger Woods는 결승전에서 항상 빨간색을 입었는데, 이는 빨간색이 태국에서 일요일 행운의 색이며 결승전은 주로 일요일에 있었다고(The games were usually on Sundays!) 했다. 따라서 정답은 ③이다.

Build UP

월요일	화요일	수요일	목요일	금요일	토요일	일요일
노란색	분홍색	초록색	주황색	하늘색	보라색	빨간색

1. 나는 다음 주 월요일에 시험이 있어. — (C)

2. 오늘은 화요일이야. 나는 내일 면접이 있어. — (A)

3. 지난 목요일에, 나는 이것을 입었고 경기에서 이겼어. — (B)

Sum UP

> 보기
>
> 마지막의 　 불러오다 　 보통 　 중요한

태국에서 색은 중요하다. 각 날에 맞는 색이 있다. 알맞은 색을 입는 것은 행운을 **a** 불러온다. 하지만 태국 사람들은 무언가 **b** 중요한 일이 있을 때만 그렇게 한다. Tiger Woods는 **c** 마지막 경기에서 빨간색을 입었다. 경기들이 **d** 보통 일요일에 있었기 때문이다.

● 지문 살펴보기

Colors of the Week
일주일의 색

1. Colors are important / to people / in Thailand.
   색은 중요하다 / 사람들에게 / 태국에 있는.

2. There is a color / for each day.
   색이 있다 / 각각의 날에 맞는.

3. Wearing the right color / brings luck.
   알맞은 색을 입는 것은 / 행운을 불러온다.

4.
Monday	Tuesday	Wednesday	Thursday	Friday	Saturday	Sunday
yellow	pink	green	orange	light blue	purple	red
월요일	화요일	수요일	목요일	금요일	토요일	일요일
노란색	분홍색	초록색	주황색	하늘색	보라색	빨간색

5. But Thai people don't do it / every day.
   하지만 태국 사람들은 그것을 하지 않는다 / 매일.

주요 어휘

week	일주일, 주
important	중요한
Thailand	태국
Thai	태국의, 태국 사람
each	각각의, 각자의
wear(- wore)	(옷 등을) 입다, 신다, 쓰다
right	알맞은, 맞는
bring	가져오다, 불러오다
luck	행운
do	하다
every day	매일

⑥ They do it // only when there's something important.
그들은 그것을 한다 //　　무언가 중요한 것이 있을 때만.

⑦ A famous golfer, Tiger Woods, / is half Thai.
유명한 골퍼인 Tiger Woods는,　/ 태국계 혼혈이다.

⑧ He always wore red / on final rounds.
그는 항상 빨간색을 입었다 /　결승전에.

⑨ The games were / usually on Sundays!
그 경기들은 ~이었다 /　보통 일요일에 있는!

우리말 해석

일주일의 색

색은 태국 사람들에게 중요해요. 각 날마다 색이 있어요. (그날에) 맞는 색을 입는 것은 행운을 불러와요.

월요일	화요일	수요일	목요일
노란색	분홍색	초록색	주황색

금요일	토요일	일요일
하늘색	보라색	빨간색

하지만 태국 사람들은 매일 그렇게 하지 않아요. 그들은 무언가 중요한 일이 있을 때만 그렇게 해요. 유명한 골프선수인 Tiger Woods는 태국계 혼혈이에요. 그는 항상 결승전에 빨간색을 입었어요. 그 경기들은 주로 일요일에 있었거든요!

● **주요 문장 확인하기**

① Colors are important to *people* [in Thailand].
　주어　동사　보어
→ in Thailand는 뒤에서 명사 people을 꾸며 준다.

③ **Wearing** the right color *brings* luck.
　　주어　　　동사　목적어
→ 「동사원형+-ing」의 형태가 주어일 때는 단수동사가 온다.

⑥ They do it only when there's **something** *important*.
→ 형용사 important가 앞의 something을 꾸며 주고 있다. something과 같이 -thing으로 끝나는 대명사는 형용사가 뒤에서 꾸며 준다.

⑦ A famous golfer, Tiger Woods, is half Thai.
　　주어　　　　　　동사　보어
→ A famous golfer와 Tiger Woods는 같은 사람을 나타내는 말로 콤마(,)로 연결하였다.

14 New Year's Eve

p.73 Look UP	**A** 1 wait　2 ring **B** 1 until　2 celebration　3 wish	
p.75 Check UP	1 grapes　2 ③　3 (a) ○ (b) × (c) ○ 4 a midnight　b wish	
p.76 Build UP	a Eve　b eats　c month　d grape	
p.76 Sum UP	2 → 3 → 4 → 1	

Check UP

1 새해가 되었을 때 포도를 먹는 전통에 대한 이야기이므로 글에서 가장 많이 등장하는 단어는 grapes(포도)이다.

> 밤 12시　포도　축하 행사　종

2 새해 전날과 새해가 되었을 때 글쓴이의 가족이 한 일에 대한 내용이므로 정답은 ③이다.

3 (a) '나'는 지금 포도를 먹을 수 없다고 말하면서 아빠가 밤 12시까지 기다리라고 했다고(~, "Wait until midnight ~.") 했으므로 글의 내용과 맞다.

(b) 포도 열두 알은 각 달에 대한 행운을 의미한다고(The twelve grapes mean good luck for each month.) 했으므로 글의 내용과 틀리다.

(c) 종소리에 맞춰 포도 한 알씩, 총 열두 알을 먹는다고(Then I eat twelve grapes, one for every ding.) 했으므로 글의 내용과 맞다.

Build UP

> 보기
>
> 포도　전날 밤　먹다　달

새해 a 전날 밤, 내 가족은 포도 열두 알을 b 먹어요. 그것들은 각 c 달에 대한 행운을 의미해요. 밤 12시에, 우리는 d 포도를 한 알씩 열두 번 먹어요.

Sum UP

2 아빠는 포도를 씻는데, 나는 그것들을 지금 먹을 수 없다. →

3 아빠는 "밤 12시까지 기다려라."라고 말한다. →

4 우리는 함께 TV로 새해 축하 행사를 본다. →

1 밤 12시에, 나는 포도 열두 알을 먹는다. 나는 내 가족에게 좋은 일만 가득하길 빈다.

New Year's Eve
새해 전날 밤

1 On New Year's Eve, / Dad washes grapes.
　새해 전날 밤에, 　/ 　아빠는 포도를 씻는다.

2 But I can't eat them / now.
　하지만 나는 그것들을 먹을 수 없다 / 지금.

3 Dad says, // "Wait / until midnight.
　아빠는 말한다, // "기다려라 / 밤 12시까지.

4 You'll eat a grape, / one-by-one, / twelve times.
　너는 포도를 먹을 것이다, / 　한 개씩, 　/ 　열두 번.

5 The twelve grapes mean / good luck /
　포도 열두 알은 의미한다 　/ 　행운을 　/
for each month."
　각 달에 대한."

6 We watch the celebration / on TV.
　우리는 축하 행사를 본다 　/ 　TV로.

7 When it's midnight, // the bell rings.
　밤 12시일 때, 　// 　종이 울린다.

8 Ding, dong, ding, dong.
　땡땡.

9 Then I eat twelve grapes, / one for every ding.
　그때 나는 포도 열두 알을 먹는다, / 　땡 소리마다 하나씩.

10 I wish the best for my family.
　나는 내 가족에게 좋은 일만 가득하길 빈다.

주요 어휘

eve	전날, 전날 밤
grape	포도
wait	기다리다
until	~까지
midnight	밤 12시, 자정
one-by-one	한 개씩, 하나하나
time	(반복되는 일의) 번, 회
mean	의미하다
month	달, 월
celebration	기념행사, 축하 행사
bell	종
ring	울리다
wish	바라다, 빌다
wish the best	좋은 일만 가득하길 빌다

우리말 해석

새해 전날 밤

새해 전날 밤, 아빠는 포도를 씻어요. 하지만 저는 지금 그것을 먹을 수 없어요. 아빠는 "밤 열두 시까지 기다려라. 너는 포도를 한 알씩 열두 번 먹을 거야. 포도 열두 알은 각 달의 행운을 의미한단다." 라고 말씀하세요.

우리는 TV로 축하 행사를 봐요. 그러다가 밤 12시가 되자 종이 울려요. 땡땡. 그때 저는 땡 소리마다 한 알씩, 포도 열두 알을 먹어요. 저는 제 가족에게 좋은 일만 가득하길 빌어요.

● 주요 문장 확인하기

3 Dad says, "**Wait** until midnight.
　　　　　　　　동사
→ 주어(you)가 생략되고 동사원형으로 시작되는 명령문이다.

4 **You'll** eat a grape, one-by-one, twelve **times**.
→ You will을 줄여 You'll로 썼다. will은 '~할 것이다'라는 의미로 미래를 나타낸다.
→ 〈숫자+times〉의 형태로 '~번, 회'를 의미하며, 세 번 이상부터 표현할 때 쓰인다.

A **1** ring - 울리다　　**2** luck - 행운　　**3** wait - 기다리다
B **1** midnight　　**2** wish　　**3** important　　**4** each
C **1** celebration　　**2** final　　**3** usually　　**4** until
D **1** mean　　**2** brings　　**3** rings　　**4** wore

15　A Cold Virus　　pp.79 – 82

p.79 **Look UP**	**A** **1** sick　**2** sneeze **B** **1** make　**2** land　**3** Wash
p.81 **Check UP**	**1** (a)○ (b)○　**2** ③　**3** ③　**4** a cold　b sick
p.82 **Build UP**	**1** (C)　**2** (A)　**3** (B)
p.82 **Sum UP**	a nose　b lands　c stay　d sick

Check UP

1 (a) '나'는 Kate의 콧속에서 산다고(I live inside Kate's nose.) 했으므로 글의 내용과 맞다.

(b) '나' 때문에 Kate가 아프다고(Kate is sick because of me.) 했으므로 글의 내용과 맞다.

2 빈칸 (A) 앞에서 '나'는 Kate의 콧속에서 살고, Kate가 재채기한다는 내용으로 보아 빈칸 (A)를 포함한 문장은 '나'는 그녀의 '코'에서 날아나간다는 내용이어야 흐름상 자연스럽다. 빈칸 (B) 뒤에서는 Sally가 화장실에 가서 손을 씻었고, 그로 인해 그녀의 손에 머물 수 없다는 내용으로 보아, 빈칸 (B)에는 hands(손)가 들어가야 알맞다.

① 코 … 머리　　② 입 … 코　　③ 코 … 손

3 화장실에서 손을 씻은 사람은 Sally이므로(She washes her hands.) 정답은 ③이다.

Build UP

1 — (C) 감기 바이러스는 Kate의 코에서 날아나간다.

2 — (A) 감기 바이러스가 Sally의 손에 내려앉는다.

3 — (B) Sally는 손을 씻는다. 감기 바이러스는 머무를 수 없다.

> 보기
>
> 내려앉다　　　머무르다　　　코　　　아픈

Kate는 감기 때문에 아프다. 그녀가 재채기할 때, 감기 바이러스는 그녀의 **a** <u>코</u>에서 날아나간다. 그것은 Sally의 손에 **b** <u>내려앉는다</u>. 하지만 그녀는 화장실로 가서 손을 씻는다. 바이러스는 **c** <u>머물</u> 수 없고, Sally를 **d** <u>아프게</u> 할 수 없다!

● 지문 살펴보기

A Cold Virus
감기 바이러스

1 I'm a cold virus.
나는 감기 바이러스이다.

2 I live / inside Kate's nose.
나는 산다 / Kate의 코 안에서.

3 Kate is sick / because of me.
Kate는 아프다 / 나 때문에.

4 Ah-choo!
에취!

5 Kate sneezes / again.
Kate는 재채기한다 / 다시.

6 So I fly / out of her nose.
그래서 나는 날아간다 / 그녀의 코 밖으로.

7 I see / Kate's friend Sally.
나는 본다 / Kate의 친구 Sally를.

8 I land / on her hands.
나는 내려앉는다 / 그녀의 손에.

9 But soon, / she goes / to the bathroom.
그러나 곧, / 그녀는 간다 / 화장실로.

10 She washes her hands.
그녀는 그녀의 손을 씻는다.

11 Oh no!
이런!

주요 어휘	
cold	감기
virus	바이러스
live	살다
inside	～ 안에
sick	아픈
because of	～ 때문에
sneeze	재채기하다
again	다시, 한 번 더
fly	날다
land	1. 착륙하다, 내려앉다
	2. 땅, 육지
bathroom	화장실
wash	씻다

12 I can't stay / on her hands / now.
나는 머물 수 없다 / 그녀의 손 위에 / 이제.

13 I can't make her sick, / too.
나는 그녀를 아프게 만들 수 없다. / ~도.

우리말 해석

감기 바이러스
나는 감기 바이러스야. Kate의 코 안에 살지. Kate는 나 때문에 아파.

에취! Kate는 한 번 더 재채기해. 그래서 나는 그녀의 코에서 날아가. 나는 Kate의 친구인 Sally가 보여. 나는 그녀의 손에 내려앉아. 하지만 곧 그녀는 화장실에 가버려. 그녀는 손을 씻지.

이런! 난 이제 그녀의 손에 있을 수 없어. 그녀를 아프게 할 수도 없어.

● **주요 문장 확인하기**

13 I can't **make** her sick, too.
　주어　　동사　　목적어 보어
　→ ⟨make＋목적어＋형용사⟩는 '(목적어)를 ~하게 만들다'라는 의미이다.
　→ sick은 목적어 her를 보충 설명한다.

16   Washing Your Hands

p.83 Look UP	**A** 1 dry	2 towel		
	B 1 wrong	2 kill	3 second	
p.85 Check UP	1 ③	2 (a)✕ (b)○ (c)○		3 ⓐ seconds ⓑ towels
p.86 Build UP	1 False	2 True	3 False	4 False 5 False
p.86 Sum UP	ⓐ keeps	ⓑ soap	ⓒ safe	ⓓ seconds

Check UP

1 몇몇 사람들의 손 씻기 관련 잘못된 생각을 제시하면서 이에 맞는 올바른 방법을 설명하는 내용이므로 정답은 ③이다.

2 (a) 따뜻한 물만으로 박테리아를 죽일 수 없다고(Hot water doesn't kill bacteria alone.) 했으므로 글의 내용과 틀리다.

(b) 손 건조기 안에도 박테리아가 있다고(There are bacteria inside hand dryers, too.) 했다.

(c) 비누를 사용하여 손을 씻을 때도 시간은 중요하다고(When you use soap, ~ It is important.) 했으므로 글의 내용과 맞다.

Build UP

손 씻기에 대한 사실

1. 따뜻한 물만으로 박테리아를 죽일 수 있다.   ☐ 사실   ☑ 거짓
2. 여러분은 비누를 사용해야 한다.   ☑ 사실   ☐ 거짓
3. 여러분은 손 건조기를 사용해야 한다.   ☐ 사실   ☑ 거짓
4. 종이 수건은 사용하지 마라.   ☐ 사실   ☑ 거짓
5. 비누를 사용할 때 시간은 중요하지 않다.   ☐ 사실   ☑ 거짓

Sum UP

보기

안전한   ((시간)) 초   유지하다   비누

손 씻기는 중요하고 우리를 건강하게 **a** 유지한다. 첫째, 물과 **b** 비누를 사용해라. 물은 홀로 박테리아를 죽이지 않는다. 둘째, 종이 수건으로 손을 말려라. 박테리아가 안에 있기 때문에 손 건조기는 **c** 안전하지 않다. 셋째, 시간을 확인해라. 비누로 박테리아를 죽이는 데 **d** 20초가 걸린다.

● 지문 살펴보기

Washing Your Hands
손 씻기

1. Washing hands / is important.
   손을 씻는 것은 / 중요하다.

2. It can keep us healthy.
   그것은 우리를 건강하게 유지해 줄 수 있다.

3. But some people have / the wrong ideas / about it.
   하지만 몇몇 사람들은 가지고 있다 / 잘못된 생각들을 / 그것에 대해.

4. Wrong idea 1: Use only hot water.
   잘못된 생각 1: 따뜻한 물만 사용해라.

5. Hot water doesn't kill bacteria / alone.
   따뜻한 물은 박테리아를 죽이지 않는다 / 홀로.

6. You must use soap.
   너는 반드시 비누를 사용해야 한다.

7. Wrong idea 2: Hand dryers are very safe.
   잘못된 생각 2: 손 건조기는 매우 안전하다.

주요 어휘

important	중요한
keep	유지하다
healthy	건강한
wrong	틀린, 잘못된
kill	죽이다
alone	혼자, 단독으로
must	(반드시) ~해야 한다
soap	비누
dry	말리다, 건조시키다
dryer	건조기
safe	안전한
paper	종이
towel	수건, 타월
second	((시간)) 초

8 There are bacteria / inside hand dryers, / too.
　　박테리아가 있다　　/　　손 건조기 안에,　　/ ～도.

9 Dry your hands / with paper towels.
　　손을 말려라　　/　　종이 수건으로.

10 Wrong idea 3: When you use soap, //
　　잘못된 생각 3:　네가 비누를 사용할 때, //

time is not important.
시간은 중요하지 않다.

11 It is important.
그것은 중요하다.

12 It takes 20 seconds / to kill bacteria.
　　20초가 걸린다　　/ 박테리아를 죽이는 것은.

◖ 주요 문장 확인하기

3 But <u>some people</u> <u>have</u> *the wrong ideas* [about it].
　　　　주어　　　동사　　　　목적어
→ about it은 the wrong ideas 뒤에서 꾸며 준다.

6 <u>You</u> **must** <u>use</u> <u>soap</u>.
　　주어　　동사　　목적어
→ 〈must＋동사원형〉은 '(반드시) ～해야 한다'라는 의미로 강한 의무를 나타낸다.

8 **There are** *bacteria* inside hand dryers, too.
→ 〈There are＋복수명사〉는 '～가 있다'라는 의미이며 bacteria는 복수형 명사이다.

12 **It takes** 20 seconds **to kill** bacteria.
→ 〈It takes＋시간＋to＋동사원형〉은 '～하는 데 (시간)이 걸리다'라는 의미이다.

Wrap UP | Unit 15-16　　　　pp.87 – 88

A **1** sneeze - 재채기하다　**2** dry - 말리다, 건조시키다　**3** sick - 아픈

B **1** fly　**2** washes　**3** towels　**4** wrong

C **1** towel　**2** alone　**3** dry　**4** land

D **1** live　**2** sneezes　**3** kill　**4** takes

Words 60

정답과 해설

WORKBOOK

01 Time for a Break

A

(crossword puzzle)

Across/Down answers:
- last
- nature
- dark
- trurroff
- hour
- save

B
1 **need** - 필요하다　2 **break** - 휴식
3 **hero** - 영웅　4 **light** - (전깃)불
5 **join** - 참여하다, 함께하다

C
1 Earth, (needs)　2 (Join)
3 You, (can enjoy)　4 we, (can be)

D
1 Let's turn off lights
2 You can do something else
3 a book about nature

02 Save the Date for Trees

A

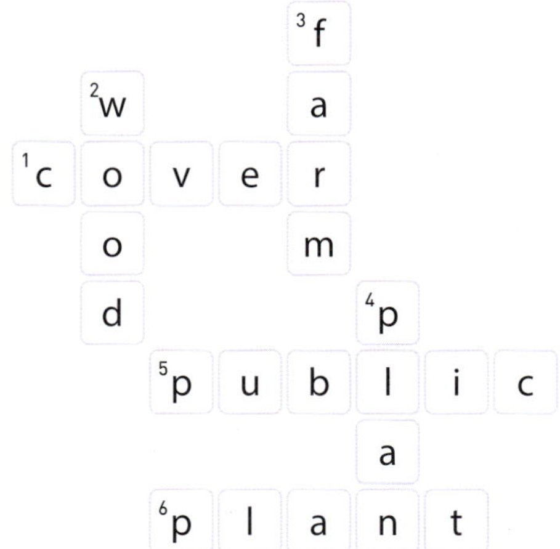

(crossword puzzle: cover, warm, farm, wood, public, plant)

B
1 **land** - 땅, 토지
2 **cut down** - 자르다, 베다
3 **country** - 나라, 국가
4 **free** - 무료의, 공짜의
5 **date** - 날짜

C
1 They, (use)
2 they, (plant)
3 Trees, (cover)
4 Some people, (buy), (plant)

D
1 People in Kenya cut down trees for the wood
2 Kenya gives free trees to people
3 Kenya plans to plant 15 billion trees

03 Bunny and the Moon

A

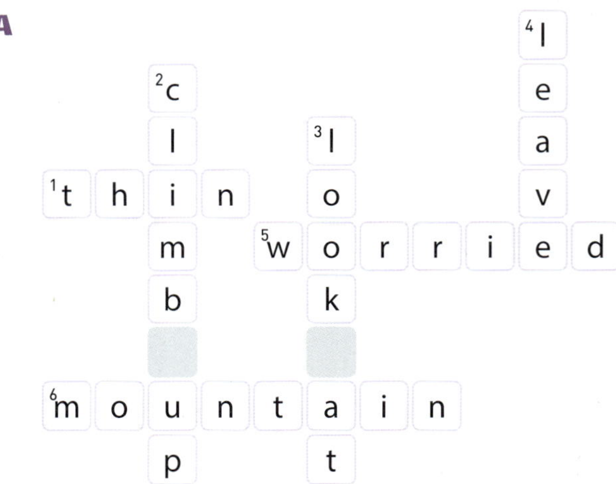

(crossword puzzle: think, climb, look, worried, mountain, leave)

B
1 **become** - ~해지다, ~이 되다
2 **yesterday** - 어제
3 **change** - 변하다, 바꾸다
4 **need** - 필요하다
5 **again** - 다시

C
1 Bunny, (becomes)
2 The Moon, (is)
3 It, (doesn't need)

4 <u>she</u>, (climbs up)

D **1** Bunny looks at the Moon

   2 it becomes thinner

   3 But the food is still there

04 Moon Walkers
pp.08 – 09

A

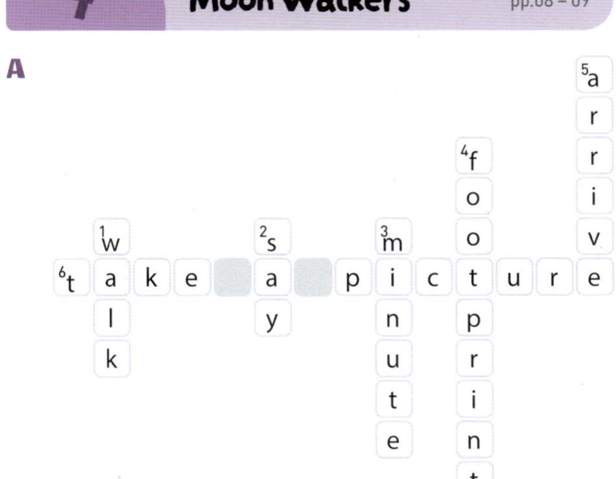

B **1** walker - 걷는 사람

   2 first - 첫 번째의

   3 know - 알다

   4 leave - 두고 가다, 남기다

   5 stay - 머무르다

C **1** <u>He</u>, (walked)

   2 <u>Many people</u>, (know)

   3 <u>Neil Armstrong and Buzz Aldrin</u>, (made)

   4 <u>he</u>, (arrived), <u>he</u>, (said)

D **1** But some people don't know

   2 He stayed there

   3 took pictures and left footprints

05 My Selfies
pp.10 – 11

A

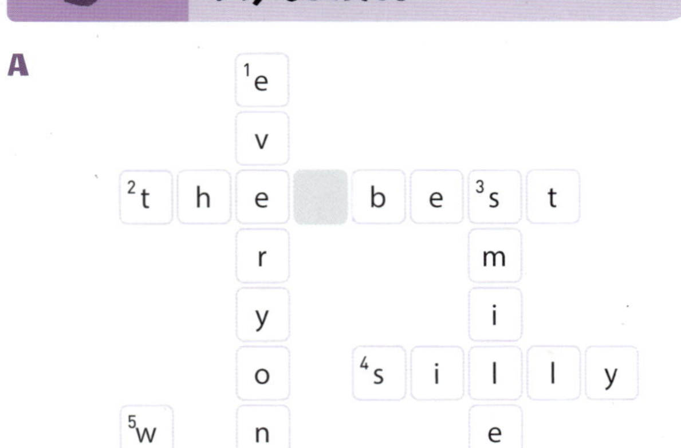

B **1** wake up - (잠에서) 일어나다, 깨어나다

   2 look - ~해 보이다

   3 face - 얼굴

   4 bad - 좋지 않은, 별로인

   5 happy - 행복한

C **1** <u>I</u>, (have)

   2 <u>My hair</u>, (looks)

   3 <u>Everyone</u>, (smiles), (looks)

   4 <u>I</u>, (take), <u>I</u>, (am)

D **1** I have jam on

   2 when I bite toast

   3 How can I look good

 **06 Pictures of Nature** pp.12 – 13

A

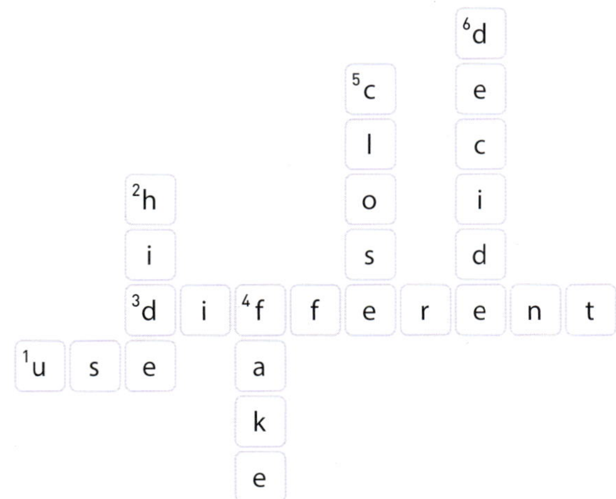

B 1 **nature** – 자연

2 **nest** – 둥지

3 **show** – 보여주다

4 **grass** – 풀

5 **really** – 정말로, 진짜로

C 1 they, (made)

2 His brother, Richard, (liked)

3 Richard and Cherry, (made)

4 birds, (got), he, (took)

D 1 the brothers decided to take pictures

2 they used hay and grass and hid

3 many pictures of different nests, eggs, and birds

 **07 Social Media** pp.14 – 15

A

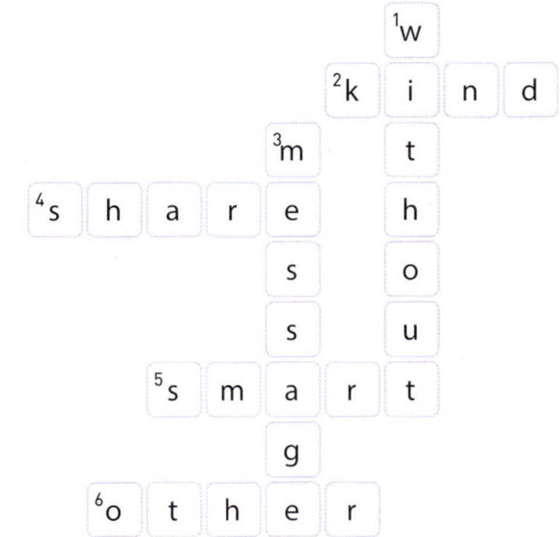

B 1 **place** – 장소, 곳

2 **also** – 또한

3 **spend** – (시간을) 쓰다, 보내다

4 **safe** – 안전한

5 **internet** – 인터넷

C 1 You, (can share)

2 (Be)

3 (Don't spend)

4 Social media, (should be)

D 1 is a place on the internet

2 You can also learn new things

3 Don't share pictures of others

 **08 I'm Sorry, Logan** pp.16 – 17

A

B
1 stop - 그만하다, 멈추다
2 funny - 웃기는, 재미있는
3 want - 원하다
4 only - 오직, 단지
5 nobody - 아무도 ~ 않다

C
1 We, (share)　2 I, (posted)
3 Logan, (was)　4 my best friend, (is)

D
1 I have many friends
2 Logan stopped talking to me
3 I wanted to say sorry

9 A Fun Trip

A

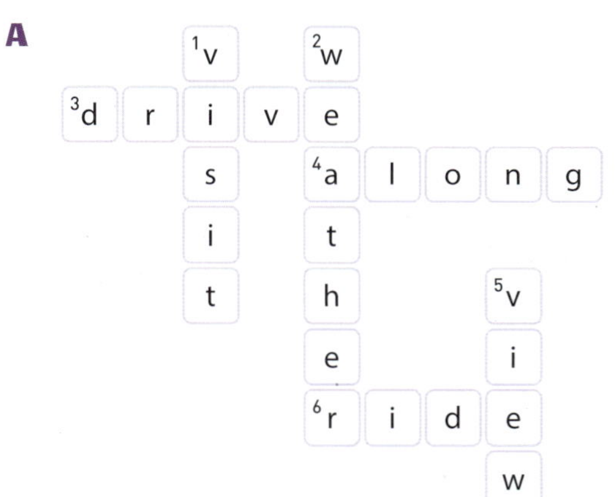

B
1 lake - 호수　2 amazing - 놀라운
3 miss - 그리워하다　4 soon - 곧, 머지않아
5 dry - 건조한

C
1 I, (miss)
2 Dad and I, (visited)
3 The weather, (was)
4 we, (will visit)

D
1 We rode a bike
2 we visited Death Valley
3 It was so hot and dry

10 Jim Cantore

A

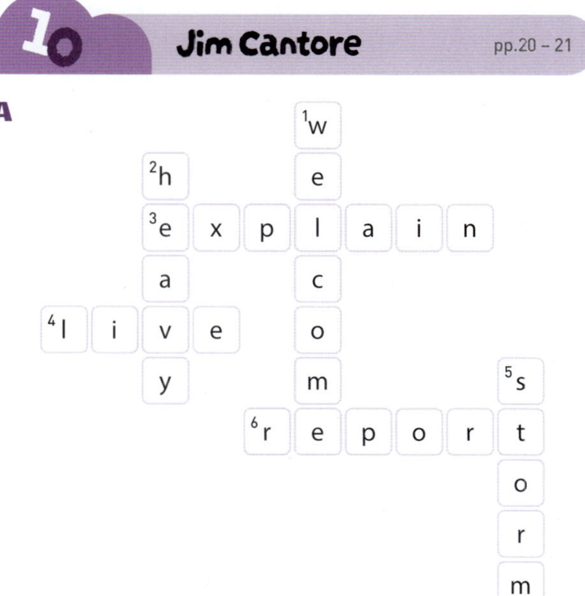

B
1 popular - 인기 있는　2 town - (소)도시
3 stand - 서다　4 understand - 이해하다
5 always - 항상, 언제나

C
1 Jim Cantore, (is)
2 He, (stands)
3 many people, (can understand)
4 They, (say), A storm, (is coming)

D
1 When there is a storm
2 He reports the weather live
3 But some people don't welcome Cantore

 **11 Pencil and Eraser** pp.22 – 23

A

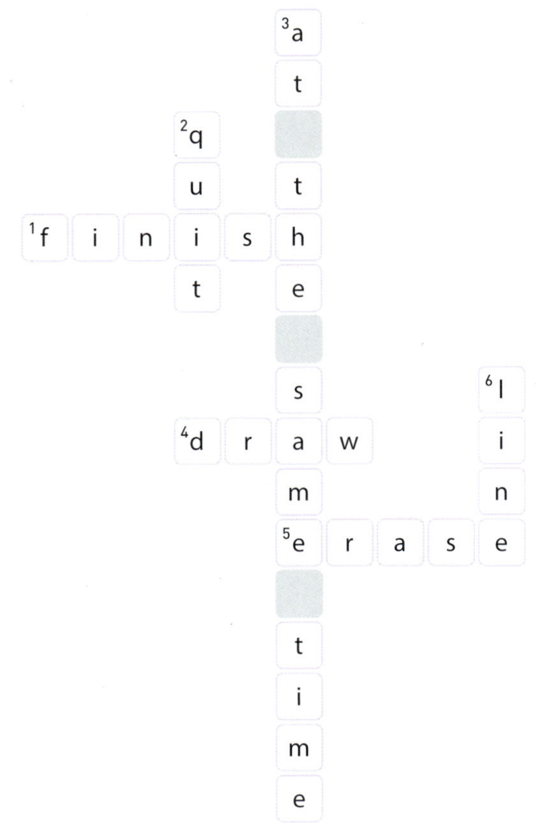

B 1 **idea** - 생각, 아이디어

2 **artist** - 화가, 예술가

3 **upset** - 속상한, 마음이 상한

4 **drawing** - 그림

5 **a little** - 조금, 약간

C 1 I, (should quit)

2 Pencil, (gets)

3 Pencil and Eraser, (can't finish)

4 you, (can erase), (draw)

D 1 But Eraser doesn't like it

2 I am not a good artist

3 Pencil and Eraser make a perfect drawing

 **12 Leonardo da Vinci** pp.24 – 25

A

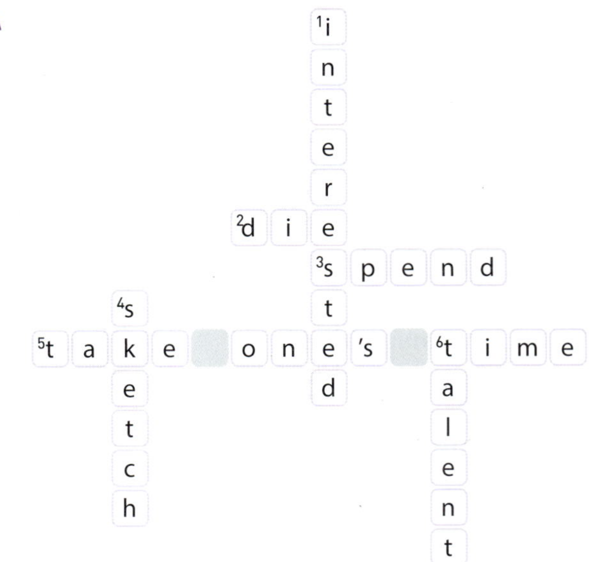

B 1 **busy** - 바쁜

2 **painting** - 그림, 작품

3 **work** - 1. 일, 작업 2. 일하다, 작업하다

4 **leave behind** - 남기다

5 **for example** - 예를 들어

C 1 Leonardo da Vinci, (had)

2 he, (spent)

3 He, (couldn't finish)

4 He, (took)

D 1 he was not perfect

2 He was interested in many things

3 He left behind many sketches

13 Colors of the Week pp.26 – 27

A

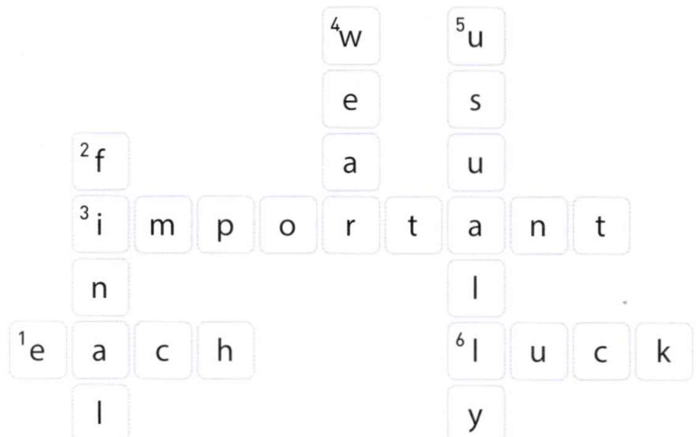

B
1 **right** - 알맞은, 맞는
2 **bring** - 가져오다, 불러오다
3 **do** - 하다
4 **something** - 무엇, 어떤 것[일]
5 **every day** - 매일

C
1 Colors, are
2 He, wore
3 Wearing the right color, brings
4 A famous golfer, Tiger Woods, is

D
1 There is a color for each day
2 But Thai people don't do it
3 when there is something important

14 New Year's Eve pp.28 – 29

A

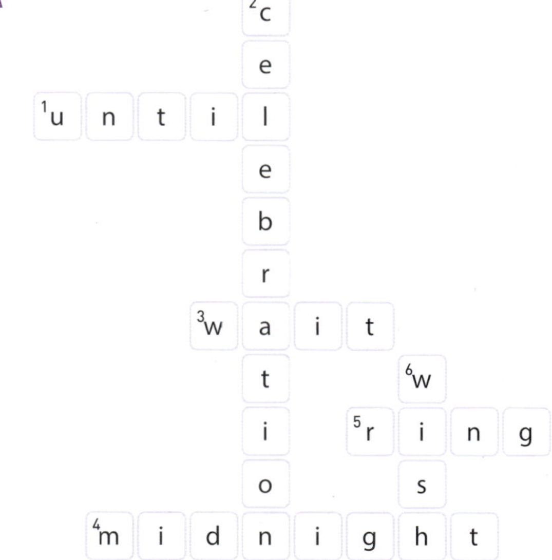

B
1 **eve** - 전날, 전날 밤
2 **mean** - 의미하다
3 **month** - 달, 월
4 **time** - (반복되는 일의) 번, 회
5 **bell** - 종

C
1 You, will eat
2 The twelve grapes, mean
3 Dad, says, Wait
4 it, is, the bell, rings

D
1 Dad washes grapes
2 We watch the celebration on TV
3 I wish the best for my family

15   A Cold Virus pp.30 – 31

A

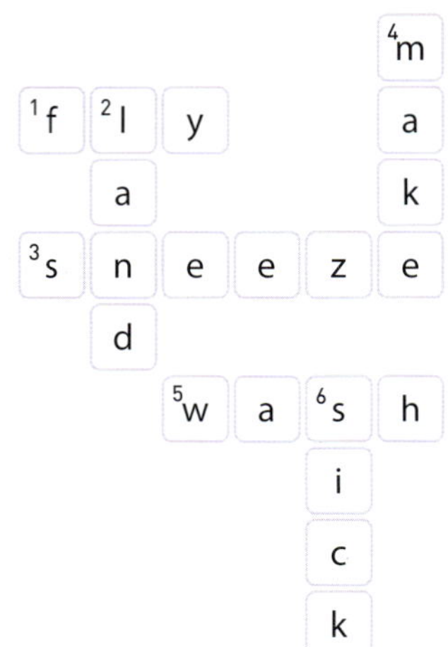

Crossword:
- 1 (across) f l y
- 2 (down) l a n d
- 3 (across) s n e e z e
- 4 (down) m a k e
- 5 (across) w a s h
- 6 (down) s i c k

B

1 **again** - 다시, 한 번 더

2 **live** - 살다

3 **bathroom** - 화장실

4 **because of** - ~ 때문에

5 **stay** - ~에 머무르다, 있다

C

1 I, (land)   2 Kate, (is)

3 I, (can't stay)   4 she, (goes)

D

1 I live inside Kate's nose

2 I fly out of her nose

3 I can't make her sick

16   Washing Your Hands pp.32 – 33

A

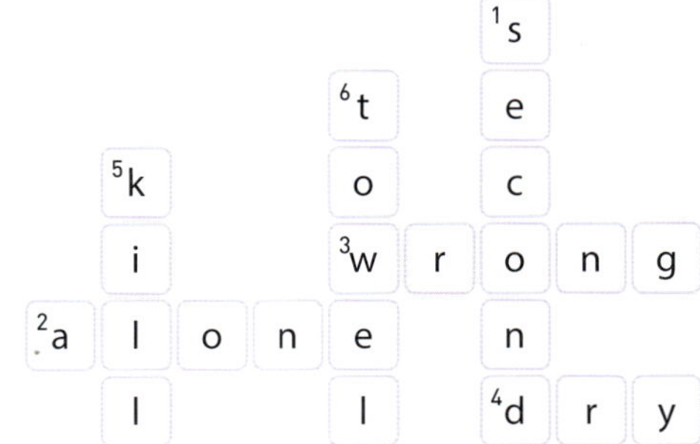

Crossword:
- 1 (down) s e c o n d
- 2 (across) a l o n e
- 3 (across) w r o n g
- 4 (across) d r y
- 5 (across) k i l l
- 6 (down) t o w e l

B

1 **must** - (반드시) ~해야 한다

2 **healthy** - 건강한

3 **soap** - 비누

4 **safe** - 안전한

5 **paper** - 종이

C

1 (Use)

2 Hot water, (doesn't kill)

3 It, (can keep)

4 you, (use), time, (is not)

D

1 You must use soap

2 Dry your hands with paper towels

3 It takes 20 seconds to kill

쎄듀 초·중등 커리큘럼

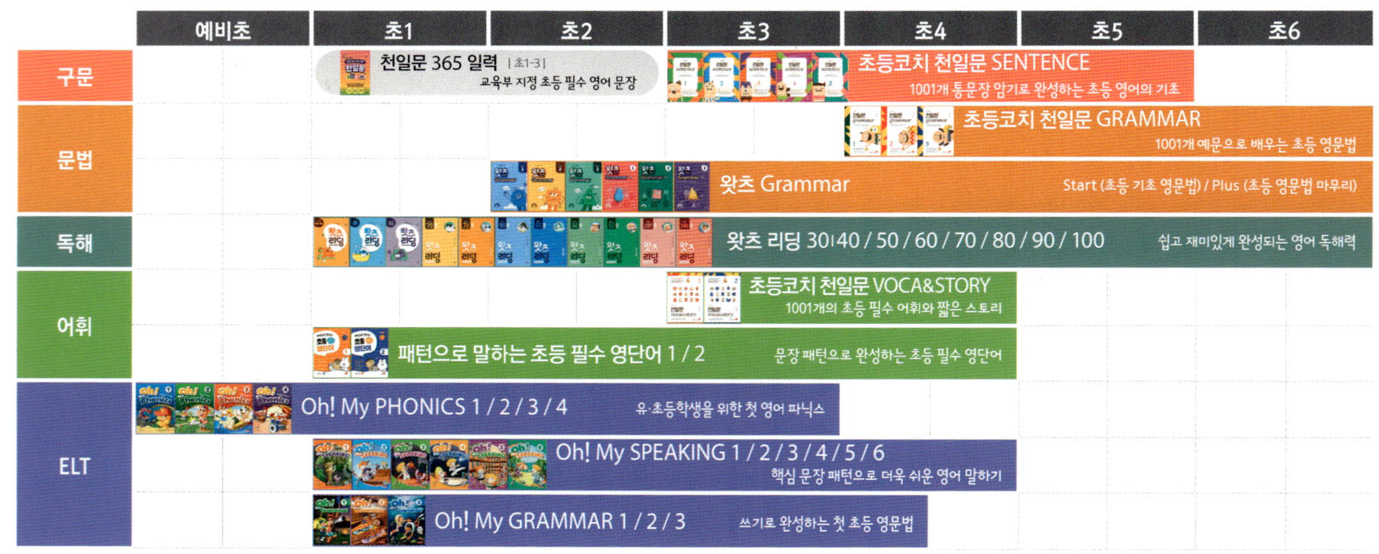

초등

	예비초	초1	초2	초3	초4	초5	초6
구문		천일문 365 일력 [초1-3] 교육부 지정 초등 필수 영어 문장		초등코치 천일문 SENTENCE		1001개 통문장 암기로 완성하는 초등 영어의 기초	
문법					초등코치 천일문 GRAMMAR		1001개 예문으로 배우는 초등 영문법
			왓츠 Grammar			Start (초등 기초 영문법) / Plus (초등 영문법 마무리)	
독해			왓츠 리딩 30 / 40 / 50 / 60 / 70 / 80 / 90 / 100			쉽고 재미있게 완성되는 영어 독해력	
어휘				초등코치 천일문 VOCA&STORY		1001개의 초등 필수 어휘와 짧은 스토리	
			패턴으로 말하는 초등 필수 영단어 1 / 2		문장 패턴으로 완성하는 초등 필수 영단어		
ELT		Oh! My PHONICS 1 / 2 / 3 / 4		유·초등학생을 위한 첫 영어 파닉스			
			Oh! My SPEAKING 1 / 2 / 3 / 4 / 5 / 6		핵심 문장 패턴으로 더욱 쉬운 영어 말하기		
			Oh! My GRAMMAR 1 / 2 / 3		쓰기로 완성하는 첫 초등 영문법		

중등

	예비중	중1	중2	중3
구문		천일문 STARTER 1 / 2		중등 필수 구문 & 문법 총정리
문법		개정 천일문 중등 GRAMMAR LEVEL 1 / 2 / 3		예문 중심 문법 기본서
		GRAMMAR Q Starter 1, 2 / Intermediate 1, 2 / Advanced 1, 2		학기별 문법 기본서
		잘 풀리는 영문법 1 / 2 / 3		문제 중심 문법 적용서
		GRAMMAR PIC 1 / 2 / 3 / 4		이해가 쉬운 도식화된 문법서
			1센치 영문법	1권으로 핵심 문법 정리
문법+어법			첫단추 BASIC 문법·어법편 1 / 2	문법·어법의 기초
문법+쓰기		EGU 영단어&품사 / 문장 형식 / 동사 써먹기 / 문법 써먹기 / 구문 써먹기		서술형 기초 세우기와 문법 다지기
				올씀 1 기본 문장 PATTERN 내신 서술형 기본 문장학습
쓰기		개정 천일문 중등 WRITING LEVEL 1 / 2 / 3 *거침없이 Writing 개정		중등 교과서 내신 기출 서술형
		중학 영어 쓰작 1 / 2 / 3		중등 교과서 패턴 드릴 서술형
어휘		천일문 VOCA 중등 스타트 / 필수 / 마스터		2800개 중등 3개년 필수 어휘
		어휘끝 중학 필수편	중학 필수어휘 1000개	어휘끝 중학 마스터편 고난도 중학어휘 +고등기초 어휘 1000개
독해		ReadingGraphy LEVEL 1 / 2 / 3 / 4		중등 필수 구문까지 잡는 흥미로운 소재 독해
		Reading Relay Starter 1, 2 / Challenger 1, 2 / Master 1, 2		타교과 연계 배경 지식 독해
		READING Q Starter 1, 2 / Intermediate 1, 2 / Advanced 1, 2		예측/추론/요약 사고력 독해
독해전략			리딩 플랫폼 1 / 2 / 3	논픽션 지문 독해
독해유형			Reading 16 LEVEL 1 / 2 / 3	수능 유형 맛보기 + 내신 대비
			첫단추 BASIC 독해편 1 / 2	수능 유형 독해 입문
듣기		Listening Q 유형편 / 1 / 2 / 3		유형별 듣기 전략 및 실전 대비
		쎄듀 빠르게 중학영어듣기 모의고사 1 / 2 / 3		교육청 듣기평가 대비

단어 쓰기 노트

Words 60

• 단어 쓰기 노트 •

Time for a Break

○ 다음 단어의 뜻을 확인하고, 세 번씩 따라 써보세요.

break [breik]	휴식	
Earth [əːrθ]	지구	
need [niːd]	필요하다	
join [dʒɔin]	참여하다, 함께하다	
hour [áuər]	시간	
last [læst]	마지막의	
turn off	(전기 등을) 끄다	
light [lait]	(전깃)불	
together [təgéðər]	함께	
hero [hí(ː)ərou]	영웅	
dark [dɑːrk]	어두운	
the dark	어둠	
save [seiv]	1. 구하다 2. 절약하다 3. 저축하다	

else [els]	그 밖의, 다른	
enjoy [indʒɔ́i]	즐기다	
nature [néitʃər]	자연	
outside [àutsáid]	밖에서	

Save the Date for Trees

○ 다음 단어의 뜻을 확인하고, 세 번씩 따라 써보세요.

save the date	그날 시간을 비우다	
date [deit]	날짜	
cut down	자르다, 베다	
wood [wud]	나무, 장작	
land [lænd]	땅, 토지	
farm [fɑːrm]	농장	
cover [kʌ́vər]	덮다, 뒤덮다	

about [əbáut]	대략, 약 ~	
percent [pərsént]	퍼센트 ((%))	
country [kʌntri]	나라, 국가	
make - made [meik]	만들다	
plant [plænt]	1. 심다 2. 식물	
free [fri:]	무료의, 공짜의	
public [pʌblik]	공공의, 공중의	
public land	공공장소, 공유지	
plan [plæn]	계획하다, 계획을 세우다	
billion [bíljən]	10억	

Unit 03

Bunny and the Moon

○ 다음 단어의 뜻을 확인하고, 세 번씩 따라 써보세요.

Moon [muːn]	달	
look at	~을 보다	
smaller [smɔːlər]	더 작은	
yesterday [jéstərdei]	어제	
become [bikʌ́m]	~해지다, ~이 되다	
thin [θin]	얇은, 가는	
thinner [θinər]	더 얇은, 더 가는	
worried [wə́ːrid]	걱정하는	
climb up	오르다	
mountain [máuntən]	산	
leave [liːv]	1. 두고 가다 2. 떠나다	
there [ðɛər]	그곳에, 거기에	
do [du]	~을 하다	
every day	매일	

again [əgén]	다시	
still [stil]	여전히, 아직도	
understand [ʌ̀ndərstǽnd]	이해하다	
change [tʃeindʒ]	변하다, 바꾸다	
need [ni:d]	필요하다	

Moon Walkers

○ 다음 단어의 뜻을 확인하고, 세 번씩 따라 써보세요.

walk - walked [wɔ:k]	걷다	
walker [wɔ:kər]	걷는 사람	
know [nou]	알다	
first [fə:rst]	첫 번째의	
second [sékənd]	두 번째의	
minute [mínit]	((시간)) 분	

after [ǽftər]	∼ 후에, 다음에	
arrive - arrived [əráiv]	도착하다	
say - said [sei]	말하다	
stay - stayed [stei]	머무르다	
take a picture - took a picture	사진을 찍다	
leave - left [li:v]	두고 가다, 남기다	
footprint [fútprínt]	발자국	
make history - made history	역사를 만들다	

My Selfies

◎ 다음 단어의 뜻을 확인하고, 세 번씩 따라 써보세요.

wake up	(잠에서) 일어나다, 깨어나다	
look [luk]	~해 보이다	
bad [bæd]	좋지 않은, 별로인	
bite [bait]	물다, 깨물다	
face [feis]	얼굴	
wink [wiŋk]	윙크하다	
silly [síli]	바보 같은, 우스운	
idea [aidíə]	생각, 아이디어	
with [wið]	~와 같이, 함께	
everyone [évriwʌ̀n]	모든 사람, 모두	
smile [smail]	웃다, 미소 짓다	
happy [hǽpi]	행복한	
the best	가장 좋은, 최고의	

Pictures of Nature

○ 다음 단어의 뜻을 확인하고, 세 번씩 따라 써보세요.

nature [néitʃər]	자연	
perfect [pə́ːrfikt]	완벽한	
nest [nest]	둥지	
really [rí(ː)əli]	정말로, 진짜로	
decide - decided [disáid]	결심하다, 결정하다	
use - used [juːz]	1. 사용하다, 이용하다 2. 사용, 이용	
hay [hei]	건초	
grass [græs]	풀	
hide - hid [haid]	숨다	
fake [feik]	가짜의, 거짓의	
close [klous]	가까운	
show - showed [ʃou]	보여주다	
different [dífərənt]	다른, 다양한	

Social Media

🔵 다음 단어의 뜻을 확인하고, 세 번씩 따라 써보세요.

place [pleis]	장소, 곳	
internet [íntərnèt]	인터넷	
share [ʃεəɾ]	공유하다, 함께 나누다	
message [mésidʒ]	메시지, 문자	
also [ɔ́ːlsou]	또한	
smart [smɑːɾt]	똑똑한, 현명한	
spend [spend]	(시간을) 쓰다, 보내다	
other [ʌ́ðəɾ]	다른 것, 다른 사람	
without [wiðáut]	~ 없이, ~하지 않고	
kind [kaind]	친절한	
safe [seif]	안전한	

I'm Sorry, Logan

○ 다음 단어의 뜻을 확인하고, 세 번씩 따라 써보세요.

funny [fʌ́ni]	웃기는, 재미있는
real [ríːəl]	진짜의, 실제의
real life	실제, 실생활
post - posted [poust]	(정보, 사진 등을) 올리다, 게시하다
angry [ǽŋgri]	화난
only [óunli]	오직, 단지
stop - stopped [staːp]	그만하다, 멈추다
talk [tɔːk]	말하다, 이야기하다
want - wanted [wɑnt]	원하다
ask for - asked for	요청하다, 부탁하다
help - helped [help]	1. 도움 2. 돕다, 도와주다
nobody [nóubàdi]	아무도 ~ 않다
miss [mis]	그리워하다
learn - learned [ləːrn]	배우다
lesson [lésən]	교훈

Unit 09

A Fun Trip

○ 다음 단어의 뜻을 확인하고, 세 번씩 따라 써보세요.

fun [fʌn]	즐거운
trip [trip]	여행
visit - visited [vízit]	방문하다
lake [leik]	호수
weather [wéðər]	날씨
cool [ku:l]	시원한
ride - rode [raid]	(탈 것을) 타다
along [əlɔ́ŋ]	~을 따라
dry [drai]	건조한
drive - drove [draiv]	운전하다
hour [áuər]	시간
view [vju:]	경치, 전망
amazing [əméiziŋ]	놀라운
miss [mis]	그리워하다
soon [su:n]	곧, 머지않아

Jim Cantore

◯ 다음 단어의 뜻을 확인하고, 세 번씩 따라 써보세요.

report [ripɔ́ːrt]	보도하다	
reporter [ripɔ́ːrtər]	보도 기자, 리포터	
storm [stɔːrm]	폭풍우	
always [ɔ́ːlweiz]	항상, 언제나	
stand [stænd]	서다	
heavy [hévi]	심한, 많은	
heavy rain	폭우	
fight [fait]	싸우다	
strong [strɔ(ː)ŋ]	강한, 거센	
live [laiv]	생방송으로, 생중계로	
popular [pápjələr]	인기 있는	
explain [ikspléin]	설명하다	
event [ivént]	(중요한) 사건, 일어난 일	
word [wəːrd]	말, 단어	

understand [ʌ̀ndərstǽnd]	이해하다	
welcome [wélkəm]	환영하다, 맞이하다	
town [taun]	(소)도시	

Unit 11

Pencil and Eraser

◯ 다음 단어의 뜻을 확인하고, 세 번씩 따라 써보세요.

finish [fíniʃ]	끝내다, 완성하다	
drawing [drɔ́iŋ]	그림	
draw [drɔ]	(그림을) 그리다	
something [sʌ́mθiŋ]	무언가	
erase [iréis]	지우다	
upset [ʌpsét]	속상한, 마음이 상한	
artist [áːrtist]	화가, 예술가	
quit [kwit]	그만두다	

idea [aidíə]	생각, 아이디어	
line [lain]	선, 줄	
a little	조금, 약간	
this way	이렇게, 이런 식으로	
at the same time	동시에	
perfect [pə́:ɾfikt]	완벽한	

Leonardo da Vinci

⬡ 다음 단어의 뜻을 확인하고, 세 번씩 따라 써보세요.

talent [tǽlənt]	재능	
interested [íntərèstid]	관심 있는	
busy [bízi]	바쁜	
leave behind - left behind	남기다	
sketch [sketʃ]	스케치, 밑그림	

die - died [dai]	죽다	
work [wəːrk]	1. 일, 작업 2. 일하다, 작업하다	
take one's time - took one's time	천천히 하다, 서두르지 않고 하다	
painting [peintiŋ]	그림, 작품	
for example	예를 들어	
spend - spent [spend]	(시간을) 보내다	

Unit 13 Colors of the Week

○ 다음 단어의 뜻을 확인하고, 세 번씩 따라 써보세요.

week [wiːk]	일주일, 주	
important [impɔ́ːrtənt]	중요한	
each [iːtʃ]	각각의, 각자의	
wear - wore [wɛər]	(옷 등을) 입다, 신다, 쓰다	
right [rait]	알맞은, 맞는	

bring [briŋ]	가져오다, 불러오다	
luck [lʌk]	행운	
do [du]	하다	
every day	매일	
something [sʌ́mθiŋ]	무엇, 어떤 것[일]	
golfer [ɡɑlfər]	골프선수	
final [fáinəl]	마지막의	
final round	결승전	
usually [júːʒuəli]	보통, 대개	

Unit 14 New Year's Eve

○ 다음 단어의 뜻을 확인하고, 세 번씩 따라 써보세요.

eve [iːv]	전날, 전날 밤	
grape [greip]	포도	
wait [weit]	기다리다	
until [əntíl]	~까지	
midnight [mídnait]	밤 12시, 자정	
one-by-one	한 개씩, 하나하나	
time [taim]	(반복되는 일의) 번, 회	
mean [miːn]	의미하다	
month [mʌnθ]	달, 월	
celebration [sèləbréiʃən]	기념행사, 축하 행사	
bell [bel]	종	
ring [riŋ]	울리다	
wish [wiʃ]	바라다, 빌다	
wish the best	좋은 일만 가득하길 빌다	

A Cold Virus

○ 다음 단어의 뜻을 확인하고, 세 번씩 따라 써보세요.

cold [kould]	감기	
virus [vairəs]	바이러스	
live [liv]	살다	
inside [ìnsáid]	~ 안에	
sick [sik]	아픈	
because of	~ 때문에	
sneeze [sniːz]	재채기하다	
again [əgén]	다시, 한 번 더	
fly [flai]	날다	
land [lænd]	1. 착륙하다, 내려앉다 2. 땅, 육지	
bathroom [bǽθrù(ː)m]	화장실	
wash [wɑʃ]	씻다	
stay [stei]	~에 머무르다, 있다	
make [meik]	~하게 만들다	

Unit 16

Washing Your Hands

🔵 다음 단어의 뜻을 확인하고, 세 번씩 따라 써보세요.

important [impɔ́ːrtənt]	중요한	
keep [kiːp]	유지하다	
healthy [hélθi]	건강한	
wrong [rɔ(ː)ŋ]	틀린, 잘못된	
kill [kil]	죽이다	
alone [əlóun]	혼자, 단독으로	
must [məst]	(반드시) ~해야 한다	
soap [soup]	비누	
dry [drai]	말리다, 건조시키다	
dryer [dráiər]	건조기	
safe [seif]	안전한	
paper [péipər]	종이	
towel [táuəl]	수건, 타월	
second [sékənd]	((시간)) 초